Curso

*La diferencia entre aprobar
y sacar plaza*

Técnico/a en Farmacia

Servicio Gallego de Salud (SERGAS)

Si aún no dispones de tu **Curso MAD360**, te ofrecemos un acceso GRATIS de 30 días para que disfrutes de los siguientes recursos:

- Técnicas de Memoria 360.
- MADTEST: Test *online* Nivel PRO.
- Temario en formato digital.
- Planificación de estudio.
- Foro entre opositores hasta la fecha del examen.*
- Recursos y novedades exclusivas.
- Consúltanos sobre tu oposición y proceso selectivo.
- Actualizaciones legislativas (Boletines Oficiales) hasta 60 días antes de la fecha del examen.*

Para acceder a esta prueba del Curso MAD360** será necesaria la compra de todos los libros para esta especialidad de la edición 2025.

Regístrate en **mad.es/iniciar-sesion** y en la pestaña MIS CURSOS valida los códigos que encuentras en la última página de tus libros.

NOTA IMPORTANTE:

* Examen de esta categoría profesional correspondiente a la convocatoria publicada en el DOG n.º 170, de 4 de septiembre de 2025, o hasta el 31 de octubre de 2026, lo que se cumpla antes, y previa renovación del servicio.

** El acceso al CURSO MAD360 estará disponible desde octubre de 2025 (algunos recursos podrían estar disponibles en fecha posterior). Tendrá una duración de 30 días RENOVABLES mediante pago, desde la validación de códigos, o hasta el 30 de abril de 2027, lo que se cumpla antes.

MAD se reserva el derecho a ampliar dichas fechas.

Técnico/a en Farmacia del Servicio Gallego de Salud (SERGAS)

Octubre, 2025

Técnico/a en Farmacia del Servicio Gallego de Salud (SERGAS)

Test y supuestos prácticos

Autores

JOSEFA GUILLERMA GANCEDO CONS
Licenciada en Derecho
Jefa de Servicio de Gestión y Planificación en la Xunta de Galicia

ÁLVARO GARDÓN FERNÁNDEZ
Técnico Especialista. Celador

MIGUEL ÁNGEL ESTÉVEZ FERNÁNDEZ
Jefe de Personal Subalterno del Hospital do Meixoeiro, de Vigo

JOSÉ LUIS GARRIDO VELA
Licenciado en Derecho

FRANCISCO JESÚS TORRES FONSECA
Licenciado en Derecho

M.ª JOSÉ GARCÍA BERMEJO
Licenciada en Biología
Técnico Superior en Laboratorio de Diagnóstico Clínico

ADELA EMILIA GÓMEZ AYALA
Licenciada en Farmacia

LUIS SILVA GARCÍA
Diplomado Universitario en Enfermería

JUAN MANUEL GIL RAMOS
Licenciado en Medicina. Master en Salud Ambiental. Médico Puericultor. Profesor de Procesos Diagnósticos Clínicos y Productos Ortoprotésicos y Profesor de Procesos Sanitarios y Asistenciales. Profesor de prácticas del C.A.P. Universidad de Sevilla. Miembro de tribunal de profesores de Enseñanzas Secundarias

HERMINIA ANDRADES ROMERO
Diplomada en Fisioterapia. Técnico Superior en Imagen para el Diagnóstico. Técnica Superior en Laboratorio de Análisis Clínico. Prevencionista de Riesgos laborales (grado intermedio). Auxiliar de Enfermería. Profesora de Procedimientos de Diagnósticos Clínicos y Productos Ortoprotésicos y Profesora de Procedimientos Sanitarios y Asistenciales

© 7 Editores Recursos para la Cualificación Profesional y el Empleo, S.L. (7 Editores)
© Los autores
Primera edición, octubre 2025 (218 páginas)
Derechos de edición reservados a favor de 7 Editores
IMPRESO EN ESPAÑA
Diseño Portada: 7 Editores
Edita: 7 Editores
Avda. San Francisco Javier, 9 · Edificio Sevilla 2 · Planta 11 · Módulos 25-27 · 41018 Sevilla
Teléfono: 954 784 411 · WEB: www.mad.es · e-mail: administracion@7editores.com
ISBN: 979-13-702-8068-0
© "Editorial Mad" y "Eduforma" son nombres comerciales registrados de
7 Editores Recursos para la Cualificación Profesional y el Empleo, S.L.

Índice

PARTE ESPECÍFICA

SUPUESTO PRÁCTICO

PARTE COMÚN

TEST N.º 1

**La Constitución Española: principios fundamentales,
derechos y deberes fundamentales de los españoles.
La protección de la salud en la Constitución**

1. Si un poder público, en su actuación, infringe lo dispuesto en el Preámbulo de la Constitución:

a) Incurre en nulidad.
b) Incurre en inconstitucionalidad.
c) No pasa nada, salvo que, como consecuencia de esa actuación, se infrinja un artículo de la propia Constitución.
d) Nada de lo anterior es cierto.

2. El principio en virtud del cual el ciudadano está amparado por una legislación no sujeta a continuos vaivenes es el de:

a) Legalidad.
b) Publicidad normativa.
c) Seguridad jurídica.
d) Jerarquía normativa.

3. El principio en virtud del cual un Reglamento no puede contradecir una Ley es el de:

a) Legalidad.
b) Jerarquía normativa.
c) Las respuestas a) y b) son correctas.
d) Seguridad jurídica.

4. Según la Constitución, una norma que imponga una nueva pena más leve para un delito:

a) No se aplica retroactivamente.
b) Puede aplicarse retroactivamente.

c) Ha de ser reglamentaria.

d) Atenta contra el principio de legalidad penal si se aplica retroactivamente.

5. Todos los españoles, respecto al castellano, tienen el:

a) Derecho-deber de conocerlo.

b) Derecho de usar y deber de conocerlo.

c) Derecho-deber de usarlo.

d) Nada de lo anterior.

6. La capital del Estado en España es:

a) La propia de cada Comunidad Autónoma.

b) Madrid.

c) Aquella donde se establezca en cada momento el Gobierno de la Nación.

d) Aquella en la que resida generalmente el Rey.

7. El pluralismo político, para nuestra Constitución, es un/una:

a) Principio General del ordenamiento político.

b) Valor superior del citado ordenamiento.

c) Principio rector de la política social y económica.

d) Derecho fundamental.

8. La forma política del Estado español es:

a) Unitaria y regionalizada.

b) Federal.

c) La Monarquía Parlamentaria.

d) La propia de un Estado Social y Democrático.

9. La justicia, según nuestra Constitución, es un/una:

a) Principio de nuestro ordenamiento jurídico.

b) Valor superior del anterior.

c) Manifestación del Estado democrático.

d) Todo lo anterior.

10. Un español de origen puede quedarse sin esta nacionalidad:

a) Por sanción administrativa.

b) Cuando libremente renuncie a la misma.

c) Por condena penal.

d) En ningún caso.

11. Constituye el fundamento del orden público y de la paz social, según la Constitución, el/la/los:

a) Derechos inviolables inherentes a la persona.
b) Estado social y democrático de Derecho.
c) Seguridad jurídica.
d) Justicia.

12. Las Comunidades Autónomas deben usar o instalar la bandera española:

a) En sus edificios.
b) En los actos oficiales.
c) Cuando lo solicite el Delegado del Gobierno de la Nación en las mismas.
d) Cuando lo estimen oportuno.

13. Deben tener una estructura interna y un funcionamiento democrático los/las:

a) Partidos Políticos.
b) Colegios Profesionales.
c) Organizaciones Profesionales.
d) Todos ellos.

14. La defensa de la integridad territorial de España se atribuye por la Constitución a/al/a las:

a) Fuerzas y Cuerpos de Seguridad.
b) Fuerzas Armadas.
c) Gobierno de la Nación.
d) Todas las anteriores.

15. El derecho de asilo en España está previsto para:

a) No repatriar a ciudadanos que hayan cometido un delito en un país extranjero.
b) No repatriar a españoles en el caso anterior.
c) Acoger en España a extranjeros perseguidos por motivos políticos en su país de origen.
d) Acoger en España a españoles emigrados al extranjero cuando pierdan el trabajo fuera de España.

16. Según la Constitución, el Estado es:

a) Apolítico.
b) Aconfesional.
c) De bienestar social.
d) Federal.

17. El derecho a la vida se consagra en el siguiente artículo de la Constitución:

a) 10.
b) 16.
c) 15.
d) 24.

18. La pena de muerte en España:

a) Ha quedado abolida.
b) Puede aplicarse en cualquier momento.
c) Solo se aplicará, en tiempo de guerra, a los militares.
d) Rige solo en el ámbito civil.

19. La inmediata puesta a disposición judicial derivada del *habeas corpus*, se produce por:

a) Detención ilegal.
b) Prisión ilegal.
c) Prisión preventiva.
d) Detención preventiva.

20. El proceso en el que se enjuicie a un presunto delincuente debe:

a) Ser sumario.
b) No dilatarse.
c) Entorpecer los instrumentos probatorios.
d) Nada de lo anterior es cierto.

En MADTEST tienes **más preguntas de este tema**, y todos tus avances quedan registrados y se reflejan en el ranking.

¡Supera tus límites con MADTEST!

Solución al test n.º 1

1. c) No pasa nada, salvo que, como consecuencia de esa actuación, se infrinja un artículo de la propia Constitución.

2. c) Seguridad jurídica.

3. c) Las respuestas a) y b) son correctas.

4. b) Puede aplicarse retroactivamente.

5. b) Derecho de usar y deber de conocerlo.

6. b) Madrid.

7. b) Valor superior del citado ordenamiento.

8. c) La Monarquía Parlamentaria.

9. b) Valor superior del anterior.

10. b) Cuando libremente renuncie a la misma.

11. a) Derechos inviolables inherentes a la persona.

12. b) En los actos oficiales.

13. d) Todos ellos.

14. b) Fuerzas Armadas.

15. c) Acoger en España a extranjeros perseguidos por motivos políticos en su país de origen.

16. b) Aconfesional.

17. c) 15.

18. a) Ha quedado abolida.

19. a) Detención ilegal.

20. b) No dilatarse.

TEST N.º 2

**Estatuto de Autonomía de Galicia: estructura y contenido.
El Parlamento. La Xunta y su Presidente.
La Administración Pública Gallega**

1. La Comunidad Autónoma gallega contará, para el desempeño de sus competencias, con:

a) Hacienda propia.
b) Patrimonio propio.
c) Economía propia.
d) Son correctas las respuestas a) y b).

2. El patrimonio de la Comunidad Autónoma estará integrado por:

a) El patrimonio de la Comunidad en el momento de aprobarse el Estatuto.
b) Los bienes afectos a servicios traspasados a la Comunidad Autónoma.
c) Los bienes adquiridos por la Comunidad Autónoma por cualquier título jurídico válido.
d) Todas son correctas.

3. Los poderes de la Comunidad Autónoma de Galicia emanan:

a) Del Estatuto de Autonomía, el pueblo y la Corona.
b) Del pueblo y la Constitución.
c) De la Constitución, del Estatuto de Autonomía de Galicia y del pueblo.
d) De la Constitución y del pueblo gallego.

4. La aprobación de los presupuestos de la Comunidad Autónoma de Galicia corresponde:

a) Al Presidente de la Xunta de Galicia.
b) A la Xunta de Galicia.
c) Al Congreso de los Diputados.
d) Al Parlamento de Galicia.

5. El Presidente del Tribunal Superior de Justicia de Galicia es nombrado:

a) Por el Presidente de la Junta, previo acuerdo del Parlamento de Galicia.
b) Por el Presidente del Gobierno, la propuesta de las Cortes Generales.
c) Por el Presidente del Gobierno, la propuesta del Consejo General del Poder Judicial.
d) Por el Rey, la propuesta del Consejo General del Poder Judicial.

6. El artículo 12.3 del Estatuto de Autonomía de Galicia dice que el Parlamento funcionara:

a) En Plenos y en Diputación Permanente.
b) En Plenos y en Comisiones, y se reunirá en sesiones ordinarias y extraordinarias.
c) En Plenos y en Mesas, y se reunirá en sesiones ordinarias.
d) En Pleno y en Diputación Permanente, y se reunirá en sesiones ordinarias y extraordinarias.

7. Como dice el artículo 15.3 del Estatuto de Autonomía de Galicia, el que propone al candidato a Presidente de la Xunta de Galicia es:

a) La Diputación Permanente.
b) El Parlamento Gallego en Pleno.
c) El Presidente del Parlamento.
d) El Rey.

8. Según el artículo 7.1 del Estatuto de Autonomía de Galicia, las comunidades gallegas asentadas fuera de Galicia podrán solicitar el reconocimiento de su galleguidad sin que en ningún caso implique la concesión de:

a) Derechos políticos.
b) Derechos culturales.
c) Subvenciones de la Xunta de Galicia.
d) Estatuto de Autonomía.

9. La iniciativa de la reforma del Estatuto corresponderá a:

a) La Junta.
b) Al Parlamento gallego, a propuesta de una quinta parte de sus miembros.
c) A las Cortes Generales.
d) Todas son ciertas.

10. La propuesta de reforma del Estatuto, requerirá:

a) La aprobación del Parlamento gallego por mayoría de dos tercios.
b) La aprobación de las Cortes Generales mediante Ley Orgánica.
c) El referéndum positivo de los electores.
d) Todas son ciertas.

11. Si la propuesta de reforma del Estatuto no es aprobada por el Parlamento gallego o por las Cortes Generales o no es confirmada mediante referéndum por el cuerpo electoral, ¿puede ser sometida nuevamente a debate y votación del Parlamento?

a) No.
b) No, hasta que haya transcurrido un año.
c) Sí.
d) Ninguna es cierta.

12. Corresponde a la Junta de Galicia:

a) Aprobar los reglamentos generales de sus propios tributos.
b) Elaborar las normas reglamentarias precisas para gestionar los impuestos estatales cedidos de acuerdo con los términos de dicha cesión.
c) Son correctas las respuestas a) y b).
d) Ninguna es correcta.

13. Corresponde a la Junta:

a) La elaboración y aplicación del presupuesto de la Comunidad Autónoma gallega.
b) Al Parlamento su examen, enmienda, aprobación y control.
c) Son correctas a) y b).
d) Ninguna es correcta.

14. Los poderes de la Comunidad Autónoma se ejercen a través de:

a) El Parlamento.
b) La Junta.
c) Su Presidente.
d) Todas son ciertas.

15. Son funciones del Parlamento de Galicia:

a) Ejercer la potestad legislativa de la Comunidad Autónoma.
b) Controlar la acción ejecutiva de la Junta, aprobar los presupuestos y ejercer las otras competencias que le sean atribuidas por la Constitución, por el Estatuto, por las leyes del Estado y las del Parlamento de Galicia.
c) Elegir de entre sus miembros al Presidente de la Junta de Galicia.
d) Todas son ciertas.

16. El Parlamento puede delegar la potestad legislativa en la Junta en los términos que establecen:

a) Los artículos 82, 83 y 84 de la Constitución para el supuesto de la delegación legislativa de las Cortes Generales al Gobierno, todo ello en el marco del Estatuto de Autonomía.
b) Los artículos 81, 82 y 83 de la Constitución para el supuesto de la delegación legislativa de las Cortes Generales al Gobierno, todo ello en el marco del Estatuto de Autonomía.

c) Los artículos 80, 81 y 82 de la Constitución para el supuesto de la delegación legislativa de las Cortes Generales al Gobierno, todo ello en el marco del Estatuto de Autonomía.

d) Los artículos 83, 84 y 85 de la Constitución para el supuesto de la delegación legislativa de las Cortes Generales al Gobierno, todo ello en el marco del Estatuto de Autonomía.

17. Indica qué norma establece la estructura orgánica de la Xunta de Galicia:

a) Decreto 227/2019, de 2 de enero.
b) Decreto 233/2018, de 5 de diciembre.
c) Decreto 234/2017, de 5 de noviembre.
d) Decreto 42/2024, de 14 de abril.

18. Designar para cada legislatura de las Cortes Generales a los senadores representantes de la Comunidad Autónoma Gallega, de acuerdo con lo previsto en el artículo 69.5 de la Constitución, le corresponde a:

a) Xunta de Galicia.
b) El Parlamento de Galicia.
c) Los partidos políticos.
d) Ninguna es cierta.

19. La designación de los senadores representantes de la Comunidad Autónoma Gallega para cada legislatura de las Cortes Generales, se hará de forma:

a) Progresiva a la representación de las distintas fuerzas políticas existentes en el Parlamento de Galicia.
b) Aritmética a la representación de las distintas fuerzas políticas existentes en el Parlamento de Galicia.
c) Proporcional a la representación de las distintas fuerzas políticas existentes en el Parlamento de Galicia.
d) Mayoritaria a la representación de las distintas fuerzas políticas existentes en el Parlamento de Galicia.

20. Exigir, en su caso, responsabilidad política a la Junta y a su Presidente, le corresponde:

a) Al Parlamento de Galicia.
b) Al Consejo de Cuentas.
c) Al Tribunal Económico-Administrativo.
d) Ninguna es cierta.

En MADTEST tienes **más preguntas de este tema**, y todos tus avances quedan registrados y se reflejan en el ranking.

¡Supera tus límites con MADTEST!

Solución al test n.º 2

1. d) Son correctas las respuestas a) y b).

2. d) Todas son correctas.

3. c) La Constitución, el Estatuto de Autonomía de Galicia y el pueblo.

4. d) Al Parlamento de Galicia.

5. d) Por el Rey, la propuesta del Consejo General del Poder Judicial.

6. b) En Plenos y en Comisiones, y se reunirá en sesiones ordinarias y extraordinarias.

7. c) El Presidente del Parlamento.

8. a) Derechos políticos.

9. d) Todas son ciertas.

10. d) Todas son ciertas.

11. b) No, hasta que haya transcurrido un año.

12. c) Son correctas las respuestas a) y b).

13. c) Son correctas a) y b).

14. d) Todas son ciertas.

15. d) Todas son ciertas.

16. a) Los artículos 82, 83 y 84 de la Constitución para el supuesto de la delegación legislativa de las Cortes Generales al Gobierno, todo ello en el marco del Estatuto de Autonomía.

17. d) Decreto 42/2024, de 14 de abril.

18. b) El Parlamento de Galicia.

19. c) Proporcional a la representación de las distintas fuerzas políticas existentes en el Parlamento de Galicia.

20. a) Al Parlamento de Galicia.

TEST N.º 3

La Ley General de Sanidad: fundamentos y características.
Competencias de las Administraciones Públicas en relación con la salud.
Derechos y deberes de los usuarios del sistema sanitario público

1. El derecho de todos los ciudadanos a la protección de la salud viene reconocido en el ámbito constitucional en:

a) Los artículos 43 y 44.
b) Los artículos 49 y 50.
c) El artículo 43 solamente.
d) Los artículos 43 y 49.

2. La Ley General de Sanidad establece que son titulares del derecho a la protección de la salud y a la atención sanitaria:

a) Todos los españoles y los extranjeros con residencia en el territorio nacional.
b) Todos los españoles y los mayores de 18 años.
c) Todos los españoles y cualquier extranjero.
d) Solamente los españoles.

3. La financiación de las necesidades sanitarias se efectuará a través de:

a) Las consignaciones en las partidas presupuestarias del Estado exclusivamente.
b) Las consignaciones en las partidas presupuestarias del Estado, Comunidades Autónomas, y Corporaciones Locales.
c) Las consignaciones en las partidas presupuestarias del Estado y Seguridad Social.
d) Las consignaciones en las partidas presupuestarias del Estado, Comunidades Autónomas, Corporaciones Locales y Seguridad Social.

4. La Ley General de Sanidad se aprobó en el siguiente año:

a) 1986.
b) 1987.

c) 1985.
d) 1984.

5. La Ley General de Sanidad efectúa la siguiente proclamación:

a) El personal podrá ser cambiado de puesto por necesidades imperativas de la organización sanitaria, dentro del Área de Salud.
b) El personal podrá ser trasladado a cualquier Centro sanitario de la Comunidad Autónoma correspondiente.
c) El personal de la Comunidad Autónoma correspondiente a cualquier Centro sanitario del Distrito de Atención Primaria.
d) El personal podrá ser cambiado de puesto por necesidades derivadas de la organización sanitaria dentro de cada provincia.

6. El reconocimiento del derecho al ejercicio libre de las profesiones sanitarias se establece en el siguiente artículo de la Constitución:

a) Artículo 35.
b) Artículo 36.
c) Artículos 35 y 36.
d) Artículos 34 y 35.

7. La Ley General de Sanidad consta del siguiente número de artículos:

a) 112.
b) 113.
c) 115.
d) 116.

8. La estructura del Sistema Sanitario Público, se regula en el siguiente título de la Ley General de Sanidad:

a) Título II.
b) Título VI.
c) Título IV.
d) Título III.

9. ¿Cuántas Disposiciones Transitorias tiene la Ley General de Sanidad?

a) 1.
b) 3.
c) 5.
d) 4.

10. ¿Cuál es el propósito básico, el objeto de la Ley 14/1986, de 25 de abril, General de Sanidad?

a) La regulación general de todas las acciones que permitan hacer efectivo el derecho a la protección de la salud.

b) El desarrollo de una acción global de prevención que implique a la colectividad, considerada como conjunto.

c) La puesta al día de las técnicas de intervención pública en los problemas de salud de la colectividad.

d) La cobertura de los riesgos sanitarios a través de una cuota vinculada al trabajo.

11. ¿Cuál de los siguientes términos no se corresponde con ninguno de los principios, que enumera la Ley General de Sanidad, a los que adecuarán su organización y funcionamiento los servicios sanitarios?

a) Economía.

b) Flexibilidad.

c) Celeridad.

d) Coordinación.

12. Conforme al Real Decreto 1418/1986, de 13 junio, no corresponde al Ministerio de Sanidad y Consumo (actualmente Ministerio de Sanidad), en materia de sanidad exterior:

a) Las relaciones con los organismos sanitarios y de consumo internacionales por mediación del Ministerio de Economía.

b) Adoptar las medidas necesarias para aplicar dentro del Estado los acuerdos sanitarios y de consumo internacionales en los que España sea parte.

c) Control y vigilancia higiénico-sanitaria de puertos y aeropuertos de tráfico internacional, así como de los puestos y de las terminales aduaneras TIR y TIF.

d) Control y vigilancia higiénico-sanitaria en el tráfico internacional de personas, cadáveres y restos humanos.

13. La competencia en la autorización de los medicamentos y de los productos sanitarios corresponde:

a) Al Ministerio de Sanidad.

b) A la Agencia Española de Medicamentos y Productos Sanitarios.

c) A la Dirección General de Medicamentos y Productos Sanitarios.

d) Al Gobierno, mediante Real Decreto.

14. Las Comunidades Autónomas ejercerán, en materia de sanidad, las competencias:

a) Asumidas en sus Estatutos, exclusivamente.

b) Asumidas en sus Estatutos y las decisiones y actuaciones públicas previstas en la LGS que se hayan reservado expresamente al Estado.

c) Asumidas en sus Estatutos.

d) Las mencionadas en c) y las transferidas, o en su caso, delegadas, por el Estado, así como las decisiones y actuaciones públicas previstas en la LGS que no se hayan reservado expresamente al Estado.

15. Las Corporaciones Locales participan en los órganos de dirección de:

a) Las zonas básicas de salud.

b) Los centros de atención especializada.

c) Las áreas de salud.

d) Los centros de atención comarcal.

16. Las principales características del modelo establecido por la LGS son:

a) Universalización de la atención, desconcentración, descentralización y atención primaria.

b) Universalización de la atención, coordinación y desconcentración, descentralización y atención primaria.

c) Universalización de la atención, accesibilidad y desconcentración, descentralización y atención primaria.

d) Universalización de la atención, accesibilidad y desconcentración, descentralización y atención primaria y especializada.

17. En relación con las Áreas de Salud, como mínimo deberá existir:

a) Dos áreas por provincia.

b) Un área por provincia.

c) Un área a nivel comarcal.

d) Un área por Comunidad Autónoma.

18. Las áreas de salud serán dirigidas por un órgano propio, donde deberán participar las Corporaciones Locales en ellas situadas con una representación:

a) No inferior al 40%, dentro de las directrices y programas generales sanitarios establecidos por el Ministerio de Sanidad.

b) No superior al 40%, dentro de las directrices y programas generales sanitarios establecidos por el Ministerio de Sanidad.

c) No superior al 40%, dentro de las directrices y programas generales sanitarios establecidos por la Comunidad Autónoma.

d) No inferior al 40%, dentro de las directrices y programas generales sanitarios establecidos por la Comunidad Autónoma.

19. Los órganos colegiados de participación comunitaria para la consulta y el seguimiento de la gestión, en los que participaran las organizaciones empresariales y sindicales, se denominan:

a) Consejos de Salud de Área.

b) Consejos de Dirección de Área.

c) Gerencia de Área.
d) Consejo de Participación del Área.

20. Con relación a los Consejos de Salud de Área no es cierto que:

a) Están constituidos por la representación de los ciudadanos a través de las Corporaciones Locales comprendidas en su demarcación, que supondrá el 50% de sus miembros y las organizaciones sindicales más representativas, en una proporción no inferior al 25%, a través de los profesionales sanitarios titulados.

b) Los Consejos de salud del área podrán crear órganos de participación de carácter general.

c) Entre sus competencias están las de verificar la adecuación de las actuaciones en el área de salud a las normas y directrices de la política sanitaria y económica.

d) Conocer e informar el anteproyecto del Plan de Salud del área y de sus adaptaciones anuales, forma parte de sus competencias.

En MADTEST tienes **más preguntas de este tema**, y todos tus avances quedan registrados y se reflejan en el ranking.

¡Supera tus límites con MADTEST!

Solución al test n.º 3

1. d) Los artículos 43 y 49.

2. a) Todos los españoles y los extranjeros con residencia en el territorio nacional.

3. d) Las consignaciones en las partidas presupuestarias del Estado, Comunidades Autónomas, Corporaciones Locales y Seguridad Social.

4. a) 1986.

5. a) El personal podrá ser cambiado de puesto por necesidades imperativas de la organización sanitaria, dentro del Área de Salud.

6. c) Artículos 35 y 36.

7. d) 116.

8. d) Título III.

9. c) 5.

10. a) La regulación general de todas las acciones que permitan hacer efectivo el derecho a la protección de la salud.

11. d) Coordinación.

12. a) Las relaciones con los organismos sanitarios y de consumo internacionales por mediación del Ministerio de Economía.

13. b) A la Agencia Española de Medicamentos y Productos Sanitarios.

14. d) Las mencionadas en c) y las transferidas, o en su caso, delegadas, por el Estado, así como las decisiones y actuaciones públicas previstas en la LGS que no se hayan reservado expresamente al Estado.

15. c) Las áreas de salud.

16. c) Universalización de la atención, accesibilidad y desconcentración, descentralización y atención primaria.

17. b) Un área por provincia.

18. d) No inferior al 40%, dentro de las directrices y programas generales sanitarios establecidos por la Comunidad Autónoma.

19. a) Consejos de Salud de Área.

20. b) Los Consejos de salud del área podrán crear órganos de participación de carácter general.

TEST N.º 4

La Ley de Salud de Galicia: el sistema público de salud de Galicia. Competencias sanitarias de las Administraciones Públicas de Galicia. El Servicio Gallego de Salud. Su estructura organizativa: disposiciones que la regulan

1. Según la Ley 8/2008, de 10 de julio, de Salud de Galicia, el órgano de la administración pública que tiene asignadas las competencias o funciones de ordenación, regulación, inspección, control o sanción en el ámbito sanitario o de la salud, se denomina:

a) Autoridad Sanitaria.
b) Servicio Sanitario.
c) Consejo de Dirección del SERGAS.
d) Ninguna es correcta.

2. ¿En virtud de qué Ley, hoy derogada, se creó el Servicio Gallego de Salud?

a) La Ley 14/1986, de 25 de abril.
b) La Ley 1/1989, de 2 de enero.
c) La Ley 3/2008, de 10 de junio.
d) La Ley 8/2008, de 10 de julio.

3. Según la Ley 8/2008, el nivel de atención Sanitaria que constituye el primer nivel de acceso ordinario de la población al Sistema Público de Salud de Galicia se denomina:

a) Atención Hospitalaria.
b) Atención Sociosanitaria.
c) Atención Primaria.
d) Atención a Urgencias y Emergencias.

4. ¿En qué Título de la Ley de Salud de Galicia se estudia el objeto y alcance de la Ley y la definición de los principales términos y conceptos que se utilizan a lo largo de ella?

a) Título primero.
b) Título tercero.

c) Título preliminar.
d) Título segundo.

5. Según recoge la Ley de Salud de Galicia, ¿a quién corresponde la aprobación de la Estrategia Gallega de Salud?

a) Al Consello de la Xunta.
b) A la Consejería competente en materia de Sanidad.
c) Al Consejo Gallego de Salud.
d) Al Parlamento de Galicia.

6. ¿En qué parte de la Ley de Salud de Galicia se estudian los derechos sanitarios de la ciudadanía?

a) Título primero. Capítulo primero.
b) Título segundo. Capítulo segundo.
c) Título primero. Capítulo segundo.
d) Título segundo. Capítulo primero.

7. El nombramiento y cese de los altos cargos de la Administración pública sanitaria de la Xunta de Galicia, corresponde:

a) Al Consejo de la Xunta de Galicia.
b) Al Servicio Gallego de Salud.
c) A la Consejería competente en materia de Sanidad.
d) Al Presidente de SERGAS.

8. Según la Ley de Salud de Galicia, la capacidad de responder a las necesidades presentes sin comprometer la posibilidad de responder a las necesidades futuras se denomina:

a) Sustentabilidad.
b) Proporcionalidad.
c) Recurso pandémico.
d) Cartera de servicios.

9. El Órgano superior, no colegiado, de consulta y asesoramiento de la Consellería competente en materia de Sanidad es:

a) El Foro de Participación Institucional de Sanidad.
b) El Consejo Gallego de Salud.
c) El Consejo de la Xunta de Galicia.
d) El Consejo Asesor del Sistema Público de Salud de Galicia.

10. ¿En qué Título de la Ley de Salud de Galicia se trata el Servicio Gallego de Salud?

a) Título tercero.
b) Título quinto.
c) Título séptimo.
d) Título sexto.

11. Según el Decreto 134/2019, de 10 de octubre, por el que se regulan las áreas sanitarias y los distritos sanitarios del Sistema público de salud de Galicia, ¿cuál es el órgano colegiado de dirección de la correspondiente área sanitaria?

a) Comisión de Dirección.
b) Comisión de Participación.
c) Consejo de Dirección.
d) Consejo de Participación.

12. El Sistema Público de Salud de Galicia es competencia:

a) Estatal, aunque la comunidad autónoma gallega las ejerce por delegación.
b) De la Comunidad Autónoma de Galicia, sin perjuicio de aquellas que corresponden al Estado debido a su integración en el Sistema Nacional de Salud.
c) Del Estado en exclusiva.
d) De la Comunidad Autónoma de Galicia en exclusiva.

13. Según el Decreto 134/2019, de 10 de octubre, por el que se regulan las áreas sanitarias y los distritos sanitarios del Sistema público de salud de Galicia, ¿a quién le corresponde realizar el seguimiento de la ejecución de los presupuestos asignados a cada centro de gasto?

a) Dirección del Distrito Sanitario.
b) Dirección Asistencial.
c) Dirección de Recursos Económicos.
d) Dirección de Recursos Humanos.

14. La división territorial del Sistema público de salud de Galicia se estructura en:

a) Áreas Asistenciales.
b) Áreas Sanitarias.
c) Distritos Sanitarios.
d) Provincias.

15. El Decreto 137/2019, de 10 de octubre, por el que se establece la Estructura Orgánica del Servicio Gallego de Salud, regula como Órgano de Administración del Servicio Gallego de Salud:

a) El Consejo de Dirección y Participación.
b) La Comisión de Dirección y Participación.

c) El Consejo de Dirección.

d) La Comisión de Dirección.

16. El Servicio Gallego de Salud es:

a) Un ente público de carácter institucional.

b) Un consorcio público con personalidad jurídica propia.

c) Una entidad pública empresarial.

d) Un organismo autónomo de naturaleza administrativa.

17. Según el Decreto 137/2019, de 10 de octubre, por el que se establece la Estructura Orgánica del Servicio Gallego de Salud, la Gerencia del SERGAS tiene rango de:

a) Servicio General.

b) Dirección General.

c) Subdirección General.

d) Secretaría General.

18. ¿Cómo se lleva a cabo el desarrollo territorial de la Estrategia gallega de salud?

a) Mediante los planes de salud de área.

b) A través del Plan de salud de Galicia.

c) Conforme a los procesos de evaluación continua de la calidad asistencial.

d) Al amparo de la ordenación del Sistema Público de Salud.

19. Según el Decreto 137/2019, de 10 de octubre, por el que se establece la Estructura Orgánica del Servicio Gallego de Salud. ¿Cuál de los siguientes no es un Órgano Colegiado dentro de los Órganos Centrales de Dirección?

a) Comité Ejecutivo.

b) Dirección General de Asistencia Sanitaria.

c) Consejo de Dirección.

d) Todos los anteriores son Órganos Colegiados.

20. ¿A quién le corresponde, según la Ley de Salud de Galicia, la aprobación de la estructura orgánica de la Consellería competente en materia de Sanidad y del Servicio Gallego de Salud?

a) Consellería competente en materia de sanidad

b) Al Presidente de la Xunta.

c) Al Consejo de la Xunta de Galicia.

d) Al Parlamento de Galicia.

En MADTEST tienes **más preguntas de este tema**, y todos tus avances quedan registrados y se reflejan en el ranking.

¡Supera tus límites con MADTEST!

Solución al test n.º 4

1. a) Autoridad Sanitaria.

2. b) La Ley 1/1989, de 2 de enero.

3. c) Atención Primaria.

4. c) Título preliminar.

5. a) Al Consello de la Xunta.

6. c) Título primero. Capítulo segundo.

7. a) Al Consejo de la Xunta de Galicia.

8. a) Sustentabilidad.

9. d) El Consejo Asesor del Sistema Público de Salud de Galicia.

10. d) Título sexto.

11. c) Consejo de Dirección.

12. b) De la Comunidad Autónoma de Galicia, sin perjuicio de aquellas que corresponden al Estado debido a su integración en el Sistema Nacional de Salud.

13. c) Dirección de Recursos Económicos.

14. b) Áreas Sanitarias.

15. c) El Consejo de Dirección.

16. d) Un organismo autónomo de naturaleza administrativa.

17. d) Secretaría General.

18. a) Mediante los planes de salud de área.

19. b) Dirección General de Asistencia Sanitaria.

20. c) Al Consejo de la Xunta de Galicia.

El Estatuto Marco del Personal Estatutario de los Servicios de Salud: clasificación del personal estatutario. Derechos y deberes. Retribuciones. Jornada de trabajo. Situaciones del personal estatutario. Régimen disciplinario. Incompatibilidades. Representación, participación y negociación colectiva

1. La Ley 55/2003 del Estatuto Marco de Personal Estatutario de los Servicios de Salud es aplicable:

a) Al personal estatutario de los servicios de salud.
b) Al personal sanitario excluyendo al personal de gestión y servicios.
c) Al personal funcionario de las Comunidades Autónomas.
d) Al personal funcionario del Estado.

2. El personal estatutario con nombramiento expedido para el ejercicio de una profesión o especialidad sanitaria se denomina:

a) Personal sanitario.
b) Otro personal.
c) Personal de mantenimiento.
d) Personal de gestión y servicios.

3. El personal estatutario con nombramiento expedido para el desempeño de funciones de gestión o para el desempeño de profesiones u oficios que no tengan carácter sanitario se denomina:

a) Personal universitario.
b) Personal de gestión y servicios.
c) Personal directivo.
d) Personal administrativo.

4. Según establece el art. 8 de la Ley 55/2003, de 16 de diciembre, del Estatuto Marco de los Servicios de Salud, es personal estatutario fijo:

a) El que una vez superado el correspondiente proceso selectivo, obtiene un nombramiento para el desempeño, con carácter permanente, de las funciones que de tal nombramiento se deriven.

b) Todo el personal al servicio de los Servicios de Salud.

c) El personal que realice una prestación de servicios determinados de naturaleza temporal, coyuntural o extraordinaria.

d) El personal en posesión de un contrato laboral indefinido.

5. Según el art. 5 del Estatuto Marco, el personal estatutario se clasifica atendiendo a: (señala la respuesta incorrecta):

a) La función desarrollada.

b) El nivel del título exigido para el ingreso.

c) El tipo de nombramiento.

d) El expediente laboral.

6. Conforme al artículo 9.1 del Estatuto Marco (en redacción dada por el Real Decreto-ley 12/2022, de 5 de julio, por el que se modifica la Ley 55/2003, de 16 de diciembre, del Estatuto Marco del personal estatutario de los servicios de salud) los nombramientos del Personal Estatutario Temporal de los Servicios de Salud serán:

a) Únicamente de Personal Estatutario Sanitario.

b) Personal Estatutario Contratado.

c) De Interinidad.

d) Como Personal Laboral.

7. Conforme al artículo 5 de la Ley 55/2003, de 16 de diciembre, el personal estatutario de los Servicios de Salud, se clasifica con diferentes criterios, atendiendo:

a) A la función desarrollada; al nivel del título exigido para su ingreso; y al tipo de contrato.

b) Al nivel del título exigido para su ingreso; y al tipo de nombramiento.

c) A su carácter de propietario, interino o eventual.

d) A la función desarrollada; al nivel del título exigido para su ingreso; y al tipo de nombramiento.

8. Conforme a lo dispuesto en el artículo 2.2 de la Ley 55/2003, de 16 de diciembre, del Estatuto Marco del personal estatutario de los servicios de salud, en lo no previsto en la misma serán aplicables al personal estatutario:

a) Las disposiciones y principios generales sobre función pública de la Administración correspondiente.

b) Las disposiciones de derecho laboral, dictadas al amparo del artículo 149.1.7º de la Constitución.

c) Las disposiciones sobre función pública de la Administración del Estado, en todo caso, conforme a lo dispuesto en el artículo 149.3 de la Constitución.

d) El convenio colectivo del personal laboral al servicio de la Administración correspondiente.

9. Conforme al artículo 6.2 de la Ley 55/2003, de 16 de diciembre, del Estatuto Marco del personal estatutario de los servicios de salud, atendiendo al nivel académico del título exigido para el ingreso, el personal estatutario sanitario de formación profesional se divide en:

a) Técnicos sanitarios y Auxiliares de Enfermería.
b) Técnicos superiores y Técnicos.
c) Técnicos superiores y Técnicos de gestión.
d) Técnicos especialistas y Técnicos.

10. Los excesos de jornada tendrán el carácter de jornada complementaria y un límite máximo de:

a) No hay límite máximo de horas.
b) 125 horas al año.
c) 135 horas al año.
d) 150 horas al año.

11. La Ley 55/2003 del Estatuto Marco de Personal Estatutario de los Servicios de Salud es de aplicación:

a) Al personal estatutario que integra las profesiones sanitarias.
b) Al personal estatutario que desempeña su función en los centros e instituciones sanitarias de los servicios de salud.
c) Al personal funcionario de los servicios de salud de las Comunidades Autónomas.
d) Al personal sanitario, excluyendo el personal de gestión y servicios.

12. El Estatuto Marco del Personal Estatutario de los Servicios de Salud está regulado por:

a) Una Ley orgánica.
b) Una Ley ordinaria.
c) Un Real Decreto.
d) Un Reglamento.

13. Según el Estatuto Marco, siempre que la duración de la jornada exceda de seis horas continuadas, deberá establecerse un periodo de descanso durante la misma de al menos:

a) 10 minutos.
b) 15 minutos.
c) 20 minutos.
d) 30 minutos.

14. Según el Estatuto Marco, se considera falta muy grave:

a) La falta de obediencia debida a los superiores.
b) El acoso sexual, cuando el sujeto activo del acoso cree con su conducta un entorno laboral intimidatorio, hostil o humillante para la persona que es objeto del mismo.

c) El incumplimiento del deber de respeto a la Constitución o al respectivo Estatuto de Autonomía en el ejercicio de sus funciones.

d) La aceptación de cualquier tipo de contraprestación por los servicios prestados a los usuarios de los Servicios de Salud.

15. El funcionario sancionado con la separación del servicio no podrá concurrir a las pruebas de selección para la obtención de la condición de personal estatutario fijo, ni prestar servicios como personal estatutario temporal, durante:

a) Los 6 años siguientes.
b) Los 5 años siguientes.
c) Los 10 años siguientes.
d) La separación del servicio es definitiva.

16. Cuando la suspensión de funciones se imponga por falta muy grave, no podrá superar:

a) Los seis años.
b) Los diez años.
c) Los doce años.
d) Los quince años.

17. Las faltas graves prescribirán:

a) Al año.
b) A los dos años.
c) A los tres años.
d) A los cuatro años.

18. Las sanciones impuestas por faltas leves prescribirán:

a) Al mes.
b) A los tres meses.
c) A los seis meses.
d) Al año.

19. Las sanciones disciplinarias firmes que se impongan al personal estatutario se anotarán en su expediente personal. Las anotaciones por sanciones impuestas por faltas leves se cancelarán de oficio, desde el cumplimiento de la sanción, a:

a) Los 3 meses.
b) Los 6 meses.
c) El año.
d) Los 2 años.

20. Es una retribución básica del personal estatutario:

a) El complemento de destino.
b) El complemento de carrera.
c) Las pagas extraordinarias.
d) El complemento de productividad.

En MADTEST tienes **más preguntas de este tema**, y todos tus avances quedan registrados y se reflejan en el ranking.

¡Supera tus límites con MADTEST!

Solución al test n.º 5

1. a) Al personal estatutario de los servicios de salud.

2. a) Personal sanitario.

3. b) Personal de gestión y servicios.

4. a) El que una vez superado el correspondiente proceso selectivo, obtiene un nombramiento para el desempeño, con carácter permanente, de las funciones que de tal nombramiento se deriven.

5. d) El expediente laboral.

6. c) De Interinidad.

7. d) A la función desarrollada; al nivel del título exigido para su ingreso; y al tipo de nombramiento.

8. a) Las disposiciones y principios generales sobre función pública de la Administración correspondiente.

9. b) Técnicos superiores y Técnicos.

10. d) 150 horas al año.

11. b) Al personal estatutario que desempeña su función en los centros e instituciones sanitarias de los servicios de salud.

12. b) Una Ley ordinaria.

13. b) 15 minutos.

14. c) El incumplimiento del deber de respeto a la Constitución o al respectivo Estatuto de Autonomía en el ejercicio de sus funciones.

15. a) Los 6 años siguientes.

16. a) Los seis años.

17. b) A los dos años.

18. c) A los seis meses.

19. b) Los 6 meses.

20. c) Las pagas extraordinarias.

TEST N.º 6

El personal estatutario del Servicio Gallego de Salud: régimen de provisión y selección de plazas

1. Conforme a lo dispuesto en el Estatuto Marco, ¿cuál de los siguientes no es un principio básico rector de la provisión de plazas del personal estatutario?

a) El principio de planificación eficiente de las necesidades de recursos.

b) El principio de estabilidad del personal en el conjunto del Sistema Nacional de Salud.

c) El principio de integración en el régimen organizativo y funcional del Servicio de Salud y de sus Instituciones y Centros.

d) El principio de capacidad.

2. Según establece la Ley de Salud de Galicia, la provisión de puestos de trabajo en el Sistema Público de Salud de Galicia se realizará a través de los procedimientos de:

a) Oposición y Concurso-Oposición.

b) Selección, promoción interna, movilidad, reingreso al servicio activo y libre designación.

c) Selección, promoción interna y movilidad.

d) Selección, promoción interna, movilidad y reingreso al servicio activo.

3. Conforme al Decreto 206/2005, de provisión de plazas de personal estatutario del SERGAS, ¿con qué periodicidad elaborará el Servicio Gallego de Salud un plan de provisión de plazas destinado a programar las pruebas de acceso del nuevo personal y los procesos de promoción interna y movilidad voluntaria del personal estatutario fijo?

a) Anualmente.

b) Preferentemente cada dos años.

c) Cada cinco años.

d) Cada seis años.

4. En cuanto a la selección de personal temporal en la Comunidad Autónoma de Galicia, el período de prueba en el caso de personal de formación universitaria, tanto personal estatutario sanitario, como de gestión y servicios no podrá superar el trabajo efectivo durante:

a) 1 mes.

b) 15 días.

c) 2 meses.

d) 3 meses.

5. El Estatuto Marco, Ley 55/2003, establece en cuanto a la selección de personal estatutario fijo, que las convocatorias y sus bases vinculan a:

a) La Administración.
b) Los Tribunales encargados de juzgar las pruebas.
c) Quienes participen en las pruebas.
d) Todos los anteriores.

6. En virtud de la Ley 2/2015, de 29 de abril, del Empleo Público de Galicia. ¿Qué porcentaje, del total de plazas convocadas para el Servicio Gallego de Salud, se reservará para ser cubiertas entre personas con discapacidad de grado igual o superior al 33 por ciento?

a) Un mínimo de un 2 %.
b) Un mínimo de un 3 %.
c) Un mínimo de un 4 %.
d) Un mínimo de un 7 %.

7. Como norma general, la gestión de los llamamientos de los aspirantes será llevada a cabo por:

a) Las direcciones de recursos humanos de las gerencias de gestión integrada.
b) Las direcciones de recursos económicos de las gerencias de gestión integrada.
c) Las gerencias de gestión integrada.
d) Las Direcciones Provinciales.

8. Según lo establecido en el Decreto 206/2005, de 22 de julio, de provisión de plazas de personal estatutario del Servicio Gallego de Salud, en el procedimiento de concurso-oposición, los empates se resolverán a favor de:

a) El que obtuviese mayor puntuación en la fase de concurso.
b) El que obtuviese mayor puntuación en la fase de oposición.
c) El que obtuviese mayor puntuación en formación.
d) No hay criterios de desempate en ese procedimiento.

9. Una vez finalizado el proceso selectivo, y resuelta la relación de aspirantes, ¿qué plazo se podrá habilitar para que estos presenten la documentación que acredite el cumplimiento de los requisitos exigidos en la convocatoria?

a) Siete días.
b) Diez días.
c) Quince días.
d) Un mes.

10. ¿Qué plazo tienen, aquellos miembros del personal estatutario fijo que participen en un concurso de traslado, y ganen una plaza en distinta área de salud, dentro del SERGAS, para la toma de posesión de esa nueva plaza?

a) Quince días hábiles siguientes a aquel en que se publique la resolución definitiva.
b) Quince días hábiles siguientes al del cese.

c) Quince días naturales siguientes a aquel en que se publique la resolución definitiva.
d) Quince días naturales siguientes al del cese.

11. ¿Qué plazo tienen aquellos miembros del personal estatutario fijo que participen en un concurso de traslado, y ganen una plaza de la misma área de salud que la que venían desempeñando, para la toma de posesión de esa nueva plaza?

a) Dos días hábiles siguientes a aquel en que se publique la resolución definitiva.
b) Dos días hábiles siguientes al del cese.
c) Dos días naturales siguientes a aquel en que se publique la resolución definitiva.
d) Dos días naturales siguientes al del cese.

12. El Estatuto Marco, Ley 55/2003, establece que para poder participar en los procesos selectivos de Personal Estatutario Fijo será necesario tener cumplidos:

a) 16 años.
b) 17 años.
c) 18 años.
d) 19 años.

13. La Ley de Salud de Galicia establece que la oferta de empleo público del Sistema Público de Salud de Galicia tendrá una periodicidad de:

a) Por lo menos bianual.
b) Bianual.
c) Anual.
d) Por lo menos anual.

14. Conforme al Decreto 206/2005, ¿qué procedimiento se utilizará para la provisión de los puestos de jefatura de servicio de las áreas de gestión y servicios?

a) Concurso de méritos.
b) Oposición libre.
c) Libre designación.
d) Concurso-oposición.

15. ¿Qué plazo tienen aquellos miembros del personal estatutario fijo que participen en un concurso de traslado, y ganen una plaza correspondiente a otro Servicio de Salud, para la toma de posesión de esa nueva plaza?

a) Quince días hábiles siguientes a aquel en que se publique la resolución definitiva.
b) Quince días hábiles siguientes al del cese.
c) Un mes siguiente a aquel en que se publique la resolución definitiva.
d) Un mes siguiente al del cese.

16. Conforme al Decreto 206/2005, en tanto no se proceda a la resolución de las convocatorias para cubrir puestos de la organización directiva del Servicio Gallego de Salud, dichos puestos directivos, ¿podrán ser cubiertos mediante nombramiento provisional?

a) No, en ningún caso.
b) Sí, por un plazo máximo de tres meses.

c) Sí, por un plazo máximo de seis meses.

d) Sí, por un plazo máximo de un año.

17. El Estatuto Marco dispone que la selección del personal estatutario temporal se efectuará a través de procedimientos que permitan la máxima agilidad en la selección, que se basarán en los principios de:

a) Igualdad, mérito, capacidad.

b) Competencia.

c) Publicidad.

d) Todos son correctos.

18. El Estatuto Marco, Ley 55/2003, establece que la Selección de Personal estatutario fijo se efectuará con carácter general por el sistema de:

a) Oposición.

b) Concurso.

c) Concurso-oposición.

d) Indistintamente por cualquiera de los sistemas mencionados.

19. Atendiendo a lo establecido en el Decreto 206/2005, de 22 de julio, de provisión de plazas de personal estatutario del Servicio Gallego de Salud, los puestos de supervisor de área y coordinadores de atención primaria, se proveerán a través de:

a) Sistema de evaluación colegiada, si requieren dedicación exclusiva.

b) Sistema de libre designación.

c) Concurso de méritos.

d) Concurso-oposición.

20. ¿Qué requisitos establece el Estatuto Marco para poder participar en los procesos de selección de personal estatutario fijo?

a) Poseer la nacionalidad española o la de un Estado miembro de la Unión Europea o del Espacio Económico Europeo, u ostentar el derecho a la libre circulación de trabajadores conforme al Tratado de la Unión Europea o a otros Tratados ratificados por España, o tener reconocido tal derecho por norma legal.

b) Estar en posesión de la titulación exigida en la convocatoria o en condiciones de obtenerla dentro del plazo de presentación de solicitudes.

c) Poseer la capacidad funcional necesaria para el desempeño de las funciones que se deriven del correspondiente nombramiento.

d) Todos los anteriores son requisitos.

En MADTEST tienes **más preguntas de este tema**, y todos tus avances quedan registrados y se reflejan en el ranking.

¡Supera tus límites con MADTEST!

Solución al test n.º 6

1. b) El principio de estabilidad del personal en el conjunto del Sistema Nacional de Salud.

2. b) Selección, promoción interna, movilidad, reingreso al servicio activo y libre designación.

3. b) Preferentemente cada dos años.

4. d) 3 meses.

5. d) Vinculan a todos los anteriores.

6. d) Un mínimo de un 7 %.

7. a) Las direcciones de recursos humanos de las gerencias de gestión integrada.

8. b) El que obtuviese mayor puntuación en la fase de oposición.

9. b) Diez días.

10. b) Quince días hábiles siguientes al del cese.

11. b) Dos días hábiles siguientes al del cese.

12. c) 18 años.

13. a) Por lo menos bianual.

14. c) Libre designación.

15. d) Un mes siguiente al del cese.

16. b) Sí, por un plazo máximo de tres meses.

17. d) Todos son correctos.

18. c) Concurso-oposición.

19. b) El que obtuviese mayor puntuación en la fase de oposición.

20. d) Todos los anteriores son requisitos.

TEST N.º 7

**Normativa vigente sobre protección de datos personales
y garantía de los derechos digitales: disposiciones generales;
principios de protección de datos; derechos de las personas.
La ley Gallega 3/2001, de 28 de mayo, reguladora del
consentimiento informado y de la historia clínica de los pacientes**

1. Según el artículo 18.3 de la Constitución Española, se garantiza el secreto de las comunicaciones y, en especial, de las postales, telegráficas y telefónicas:

a) Siempre.
b) Salvo resolución judicial.
c) Excepto en los casos que establezcan las leyes.
d) Salvo consentimiento del interesado.

2. Cuando los plazos se señalen por días en el RGPD o en la LO 3/2018, se entiende que estos:

a) Son naturales.
b) Son hábiles, de lunes a sábado; excluyéndose del cómputo los domingos y los declarados festivos.
c) Son naturales; excluyéndose del cómputo los declarados festivos.
d) Son hábiles, excluyéndose del cómputo los sábados, los domingos y los declarados festivos.

3. El RGPD considera "destinatario":

a) A la persona física o jurídica, autoridad pública, servicio u otro organismo al que se comuniquen datos personales, siempre que se trate de un tercero.
b) A la persona física o jurídica, autoridad pública, servicio u otro organismo al que se comuniquen datos personales, se trate o no de un tercero.
c) A la autoridad pública que pueda recibir datos personales en el marco de una investigación concreta de conformidad con el Derecho de la Unión o de los Estados miembros.

d) A la persona física o jurídica, autoridad pública, servicio u organismo distinto del interesado, del responsable del tratamiento, del encargado del tratamiento y de las personas autorizadas para tratar los datos personales bajo la autoridad directa del responsable o del encargado.

4. El RGPD denomina a la autoridad pública independiente establecida por un Estado miembro:

a) Agencia Nacional de Protección de Datos.
b) Representante.
c) Autoridad de control.
d) Autoridad de referencia.

5. ¿Cómo denomina el RGPD el tratamiento de datos personales de manera tal que ya no puedan atribuirse a un interesado sin utilizar información adicional, siempre que dicha información adicional figure por separado y esté sujeta a medidas técnicas y organizativas destinadas a garantizar que los datos personales no se atribuyan a una persona física identificada o identificable?

a) Seudonimización.
b) Anonimización.
c) Generalización.
d) Encriptación.

6. Conforme al artículo 3 de la LO 3/2018, las personas vinculadas al fallecido por razones familiares o de hecho así como sus herederos:

a) No podrán dirigirse al responsable o encargado del tratamiento para solicitar el acceso a los datos personales de aquella, si no es por vía judicial.
b) Solo podrán dirigirse al encargado del tratamiento, siempre que sea con objeto de rectificar datos manifiestamente falsos.
c) Podrán dirigirse al responsable o encargado del tratamiento siempre que sea con objeto de solicitar la supresión de los datos personales de aquella sin posibilidad de acceder a ellos.
d) Podrán dirigirse al responsable o encargado del tratamiento al objeto de solicitar el acceso a los datos personales de aquella y, en su caso, su rectificación o supresión.

7. Las Administraciones Públicas incorporarán a los temarios de las pruebas de acceso a los cuerpos superiores y a aquellos en que habitualmente se desempeñen funciones que impliquen el acceso a datos personales materias relacionadas con la garantía de los derechos digitales y en particular:

a) El de protección de datos.
b) El de libertad de expresión.
c) El de protección de los menores.
d) El de seguridad de las comunicaciones.

8. Toda persona cuya identidad pueda determinarse, directa o indirectamente, en particular mediante un identificador, como por ejemplo un nombre, un número de identificación, datos de localización, un identificador en línea o uno o varios elementos propios de la identidad física, fisiológica, genética, psíquica, económica, cultural o social de dicha persona, se considerará persona física:

a) Identificable.
b) Fichada.
c) Legal.
d) Tratable.

9. Los datos personales serán tratados de tal manera que se garantice una seguridad adecuada de los mismos, incluida la protección contra el tratamiento no autorizado o ilícito y contra su pérdida, destrucción o daño accidental, mediante la aplicación de medidas técnicas u organizativas apropiadas; todo ello en virtud del principio de:

a) Responsabilidad proactiva.
b) Integridad y confidencialidad.
c) Limitación de la finalidad.
d) Licitud, lealtad y transparencia.

10. Conforme al principio de limitación de la finalidad, los datos personales serán recogidos con fines determinados, explícitos y:

a) Limitados.
b) Transparentes.
c) Compatibles.
d) Legítimos.

11. En virtud de qué principio previsto por el Reglamento General de Protección de Datos, los datos personales serán adecuados, pertinentes y limitados a lo necesario en relación con los fines para los que son tratados:

a) Principio de exactitud.
b) Principio de limitación de la finalidad.
c) Principio de responsabilidad proactiva.
d) Principio de minimización de datos.

12. En relación al consentimiento, el Reglamento General de Protección de Datos dispone que:

a) El consentimiento puede deducirse del silencio o de la inacción de los ciudadanos.
b) Se permite el llamado consentimiento tácito.

c) No es admisible el consentimiento del interesado dado en el contexto de una declaración escrita que también se refiera a otros asuntos.

d) Quienes recopilen datos personales deben ser capaces de demostrar que el afectado les otorgó su consentimiento.

13. Como la consecuencia del derecho que tienen los ciudadanos a solicitar, y obtener de los responsables, que los datos personales sean suprimidos cuando, entre otros casos, estos ya no sean necesarios para la finalidad con la que fueron recogidos, cuando se haya retirado el consentimiento o cuando estos se hayan recogido de forma ilícita, el Reglamento General de Protección de Datos propugna el derecho:

a) Al olvido.
b) De oposición.
c) De rectificación.
d) Al borrado.

14. Según el Reglamento General de Protección de Datos, cuando los datos personales no se hayan obtenido del interesado, el responsable del tratamiento le facilitará, entre otras informaciones, los fines del tratamiento a que se destinan los datos personales, así como la base jurídica del tratamiento. El responsable del tratamiento facilitará la información dentro de un plazo razonable, una vez obtenidos los datos personales, y a más tardar dentro de:

a) 10 días hábiles.
b) 20 días.
c) 1 mes.
d) 3 meses.

15. Según el Reglamento (UE) 2016/679, de 27 de abril, relativo a la protección de las personas físicas en lo que respecta al tratamiento de datos personales y a la libre circulación de estos datos, para poder considerar que el consentimiento del interesado para el tratamiento de sus datos personales es inequívoco:

a) Se requerirá declaración jurada del interesado donde manifieste su conformidad.
b) Se precisa contrato de cesión de datos personales.
c) Deberá existir una declaración del interesado o una acción positiva que manifieste su conformidad.
d) Bastará con el consentimiento por silencio, casillas ya marcadas o inacción.

16. El tratamiento de datos personales solo podrá considerarse fundado en el cumplimiento de una misión realizada en interés público o en el ejercicio de poderes públicos conferidos al responsable cuando derive de una competencia atribuida por:

a) Una norma con rango de ley.
b) El Reglamento General de Protección de Datos.

c) La Ley Orgánica 3/2018, de 5 de diciembre, de Protección de Datos Personales y garantía de los derechos digitales.

d) Un Reglamento.

17. Conforme al artículo 9 de la LO 3/2018, de 5 de diciembre, de Protección de Datos Personales y garantía de los derechos digitales, cuál de los siguientes tratamientos de datos fundados en el Derecho español deberá estar amparado en una norma con rango de ley:

a) Tratamiento necesario con fines de archivo en interés público, fines de investigación científica o histórica.

b) Tratamiento efectuado, en el ámbito de sus actividades legítimas y con las debidas garantías, por una fundación, una asociación o cualquier otro organismo sin ánimo de lucro, cuya finalidad sea política, filosófica, religiosa o sindical, siempre que el tratamiento se refiera exclusivamente a los miembros actuales o antiguos de tales organismos o a personas que mantengan contactos regulares con ellos en relación con sus fines y siempre que los datos personales no se comuniquen fuera de ellos sin el consentimiento de los interesados.

c) Tratamiento necesario para fines de medicina preventiva o laboral, evaluación de la capacidad laboral del trabajador, diagnóstico médico, prestación de asistencia o tratamiento de tipo sanitario o social, o gestión de los sistemas y servicios de asistencia sanitaria y social.

d) Tratamiento referido a datos personales que el interesado ha hecho manifiestamente públicos.

18. Conforme al RGPD, el interesado tendrá derecho a obtener del responsable del tratamiento la limitación del tratamiento de los datos cuando el responsable ya no necesite los datos personales para los fines del tratamiento, pero el interesado los necesite para:

a) La formulación, el ejercicio o la defensa de reclamaciones.

b) Verificar la exactitud de los mismos

c) Incorporarlos a sus archivos personales.

d) Proceder él mismo a su destrucción.

19. El derecho a la portabilidad de los datos:

a) Se podrá aplicar a los tratamientos que sean necesario para el cumplimiento de una misión realizada en interés público o en el ejercicio de poderes públicos conferidos al responsable del tratamiento.

b) A diferencia de otros derechos, podrá afectar negativamente a los derechos y libertades de otros.

c) Supone la obligación de que, en todo caso, los datos personales se transmitan directamente de responsable a responsable.

d) Requiere que el tratamiento se efectúe por medios automatizados.

20. Cuando las solicitudes de ejercicio de los derechos de un interesado en un tratamiento de datos de carácter personal sean manifiestamente infundadas o excesivas, especialmente debido a su carácter repetitivo, el responsable del tratamiento podrá cobrar un canon razonable en función de los costes administrativos afrontados para facilitar la información o la comunicación o realizar la actuación solicitada. A menos que exista causa legítima para ello, se podrá considerar repetitivo el ejercicio del derecho de acceso en más de una ocasión durante el plazo de (a partir de):

 a) 3 meses.
 b) 6 meses.
 c) 10 meses.
 d) 1 año.

En MADTEST tienes **más preguntas de este tema**, y todos tus avances quedan registrados y se reflejan en el ranking.

¡Supera tus límites con MADTEST!

Solución al test n.º 7

1. b) Salvo resolución judicial.

2. d) Son hábiles, excluyéndose del cómputo los sábados, los domingos y los declarados festivos.

3. b) A la persona física o jurídica, autoridad pública, servicio u otro organismo al que se comuniquen datos personales, se trate o no de un tercero.

4. c) Autoridad de control.

5. a) Seudonimización.

6. d) Podrán dirigirse al responsable o encargado del tratamiento al objeto de solicitar el acceso a los datos personales de aquella y, en su caso, su rectificación o supresión.

7. a) El de protección de datos.

8. a) Identificable.

9. b) Integridad y confidencialidad.

10. d) Legítimos.

11. d) Principio de minimización de datos.

12. d) Quienes recopilen datos personales deben ser capaces de demostrar que el afectado les otorgó su consentimiento.

13. a) Al olvido.

14. c) 1 mes.

15. c) Deberá existir una declaración del interesado o una acción positiva que manifieste su conformidad.

16. a) Una norma con rango de ley.

17. c) Tratamiento necesario para fines de medicina preventiva o laboral, evaluación de la capacidad laboral del trabajador, diagnóstico médico, prestación de asistencia o tratamiento de tipo sanitario o social, o gestión de los sistemas y servicios de asistencia sanitaria y social.

18. a) La formulación, el ejercicio o la defensa de reclamaciones.

19. d) Requiere que el tratamiento se efectúe por medios automatizados.

20. b) 6 meses.

TEST N.º 8

La Ley 31/1995, de 8 de noviembre, de Prevención de Riesgos Laborales: capítulos I, II, III y V. Principales riesgos y medidas de prevención en las IISS. Ley Orgánica 1/2004, de 28 de diciembre, de Medidas de Protección Integral contra la Violencia de Género. Ley 11/2007, de 27 de julio, gallega para la prevención y el tratamiento integral de la violencia de género. Legislación sobre igualdad de mujeres y hombres: su aplicación en los distintos ámbitos de la función pública

1. Señala la respuesta incorrecta:

a) La Ley de Prevención de Riesgos Laborales se aplica a los operativos de Seguridad civil en casos de catástrofe.

b) La Ley de Prevención de Riesgos Laborales se aplica a las sociedades cooperativas.

c) En el ámbito de la relación laboral de carácter especial del servicio del hogar familiar, las personas trabajadoras tienen derecho a una protección eficaz en materia de seguridad y salud en el trabajo.

d) En los establecimientos penitenciarios, se adaptarán a la Ley de Prevención de Riesgos Laborales aquellas actividades cuyas características justifiquen una regulación especial.

2. ¿Cuál es la vigente Ley de Prevención de Riesgos Laborales?

a) Ley 32/1995, de 8 de noviembre.

b) Ley 30/1996, de 8 de noviembre.

c) Ley 31/1995, de 6 de noviembre.

d) Ley 31/1995, de 8 de noviembre

3. El órgano científico técnico especializado de la Administración General del Estado que tiene como misión el análisis y estudio de las condiciones de seguridad y salud en el trabajo, así como la promoción y apoyo a la mejora de las mismas, es:

a) El Instituto Nacional de Seguridad y Salud en el Trabajo.

b) La Comisión Nacional de Seguridad y Salud en el Trabajo.

c) El Instituto Carlos III.
d) El Centro Nacional de Promoción y Cuidados de la Salud.

4. La Presidencia de la Comisión Nacional de Seguridad y Salud en el Trabajo, corresponde a:

a) El titular del Ministerio competente en materia de Sanidad.
b) El titular del Ministerio competente en materia de Empleo.
c) El Secretario de Estado de Trabajo.
d) El Director del Instituto Nacional de Seguridad y Salud en el Trabajo.

5. ¿Qué se entiende por "riesgo laboral"?

a) La posibilidad de que un trabajador sufra un determinado daño derivado del trabajo.
b) La posibilidad de que un trabajador sufra una enfermedad en el trabajo.
c) La posibilidad de que un trabajador sufra acoso.
d) El riesgo que supone el ir a trabajar.

6. Según establece la Ley 31/1995 de Prevención de Riesgos Laborales, ¿a qué órgano le corresponde la función de vigilancia y control de la normativa de prevención de riesgos laborales?

a) Al Instituto Nacional de Seguridad y Salud en el Trabajo.
b) A la Inspección de Trabajo y Seguridad Social.
c) Al Servicio de Salud.
d) A la Comisión Nacional de Seguridad y Salud del Trabajo.

7. Según establece el art. 4 de la Ley 31/1995, de 8 de noviembre, de Prevención de Riesgos Laborales, se define como daños derivados del trabajo:

a) La posibilidad de que un trabajador sufra un determinado daño derivado del trabajo.
b) El que resulte probable racionalmente que se materialice en un futuro inmediato y pueda suponer y pueda suponer un daño grave para la salud de los trabajadores.
c) Las enfermedades, patologías o lesiones sufridas con motivo u ocasión del trabajo.
d) Cualquier máquina, aparato, instrumento o instalación utilizada en el trabajo.

8. Los instrumentos esenciales para la gestión y aplicación del Plan de prevención de riesgos laborales son:

a) La evaluación de riesgos y la planificación de la actividad preventiva.
b) La evaluación inicial de riesgos y la formación.
c) La planificación y la gestión de la actividad preventiva.
d) La identificación y la evaluación de los riesgos.

9. Las normas reglamentarias en materia de Prevención las dicta:

a) El Gobierno, a través de las correspondientes normas reglamentarias y previa consulta a las organizaciones sindicales y empresariales más representativas.
b) Los Delegados de Prevención.
c) Los Delegados de Prevención y el Empresario.
d) El Empresario.

10. La Comisión Nacional de Seguridad y Salud en el Trabajo, está compuesta por:

a) Representantes de las organizaciones sindicales y empresariales.
b) Un representante de cada una de las Comunidades Autónomas y representantes de las organizaciones sindicales y empresariales.
c) Representantes de la Administración y representantes de las organizaciones sindicales y empresariales.
d) Un representante de cada una de las Comunidades Autónomas y por igual número de miembros de la Administración General del Estado y, paritariamente con todos los anteriores, por representantes de las organizaciones empresariales y sindicales más representativas.

11. ¿Cuándo se deben utilizar los equipos de protección individual?

a) Siempre.
b) Cuando los riesgos no hayan sido evaluados.
c) Cuando los riesgos no se puedan evitar o no puedan limitarse.
d) Cuando el trabajador lo estime oportuno.

12. La Ley de Prevención de Riesgos laborales, tiene por objeto:

a) Prevenir los accidentes en general.
b) Evitar riesgos en el recorrido al puesto de trabajo.
c) Promover la seguridad y la salud de los trabajadores.
d) Que cada vez haya menos accidentes de tráfico.

13. Según la Ley de Prevención de Riesgos Laborales, se constituirá un Comité de Seguridad y Salud en todas las empresas o centros de trabajo que cuenten con:

a) 30 o más trabajadores.
b) 50 o más trabajadores.
c) 75 o más trabajadores.
d) 100 o más trabajadores.

14. La regulación de los requisitos mínimos que deben reunir las condiciones de trabajo para la protección de la seguridad y la salud de los trabajadores, corresponde a:

a) Las Cortes Generales.
b) El Gobierno de la nación, previa consulta a las organizaciones sindicales y empresariales más representativas.

c) El Consejo de Gobierno de cada Comunidad Autónoma; por delegación del Consejo de Ministros.

d) Los Convenios Colectivos.

15. El proceso dirigido a estimar la magnitud de aquellos riesgos que no hayan podido evitarse, obteniendo la información necesaria para que el empresario esté en condiciones de tomar una decisión apropiada sobre la necesidad de adoptar medidas preventivas y, en tal caso, sobre el tipo de medidas que deben adoptarse, se llama:

a) Adaptación del puesto de trabajo.

b) Evaluación de los riesgos laborales.

c) Plan de prevención de riesgos laborales.

d) Señalización de seguridad y salud en el trabajo.

16. La función de vigilancia y control de la normativa sobre prevención de riesgos laborales corresponde:

a) A la Dirección General de Personal y Desarrollo Profesional.

b) A la Delegación Provincial de Trabajo.

c) A la Inspección de Trabajo y Seguridad Social.

d) Al Servicio de Medicina Preventiva.

17. Entre los principios de la acción preventiva recogidos por el artículo 15 de la Ley de Prevención de Riesgos Laborales, no figura:

a) Evitar los riesgos.

b) Evaluar los riesgos que se puedan evitar.

c) Tener en cuenta la evolución de la técnica.

d) Dar las debidas instrucciones a los trabajadores.

18. La Prevención de Riesgos Laborales deberá integrarse en el sistema general de gestión de la empresa a través de:

a) La política preventiva.

b) El plan de prevención.

c) El consenso de las partes.

d) El poder de decisión del empresario.

19. ¿Cuál de los siguientes principios generales de la acción preventiva a aplicar en el trabajo, contenidos en la Ley de Prevención de Riesgos Laborales, es incorrecto?

a) Evaluar los riesgos que no se pueden evitar.

b) Priorizar medidas individuales a las colectivas.

c) Combatir los riesgos en su origen.

d) Tener en cuenta la evolución de la técnica.

20. El Plan de prevención de riesgos laborales debe ser aprobado por:

a) La dirección de la empresa.
b) La autoridad sanitaria.
c) Los representantes de los trabajadores.
d) Todos los trabajadores.

En MADTEST tienes **más preguntas de este tema**, y todos tus avances quedan registrados y se reflejan en el ranking.

¡Supera tus límites con MADTEST!

Solución al test n.º 8

1. a) La Ley de Prevención de Riesgos Laborales se aplica a los operativos de Seguridad civil en casos de catástrofe.

2. d) Ley 31/1995, de 8 de noviembre.

3. a) El Instituto Nacional de Seguridad y Salud en el Trabajo.

4. c) El Secretario de Estado de Trabajo.

5. a) La posibilidad de que un trabajador sufra un determinado daño derivado del trabajo.

6. b) A la Inspección de Trabajo y Seguridad Social.

7. c) Las enfermedades, patologías o lesiones sufridas con motivo u ocasión del trabajo.

8. a) La evaluación de riesgos y la planificación de la actividad preventiva.

9. a) El Gobierno, a través de las correspondientes normas reglamentarias y previa consulta a las organizaciones sindicales y empresariales más representativas.

10. d) Un representante de cada una de las Comunidades Autónomas y por igual número de miembros de la Administración General del Estado y, paritariamente con todos los anteriores, por representantes de las organizaciones empresariales y sindicales más representativas.

11. c) Cuando los riesgos no se puedan evitar o no puedan limitarse.

12. c) Promover la seguridad y la salud de los trabajadores.

13. b) 50 o más trabajadores.

14. b) El Gobierno de la nación, previa consulta a las organizaciones sindicales y empresariales más representativas.

15. b) Evaluación de los riesgos laborales.

16. c) A la Inspección de Trabajo y Seguridad Social.

17. b) Evaluar los riesgos que se puedan evitar.

18. b) El plan de prevención.

19. b) Priorizar medidas individuales a las colectivas.

20. a) La dirección de la empresa.

PARTE ESPECÍFICA

TEST N.º 1

Educación para la salud: concepto de salud y enfermedad.
Indicadores de salud. Prevención de la enfermedad. Programas de
prevención de la salud: conceptos, objetivos generales, planificación
de las etapas del programa. Estrategias y tecnología educativa.
Promoción de la salud

1. ¿Quién definió la salud como "el estado óptimo de un individuo que le permite llevar a cabo sus funciones de forma eficaz"?

a) Dubos.
b) Murray.
c) Zentner.
d) Parsons.

2. Cuando, a lo largo de la historia, se ha considerado que la salud está influenciada por las condiciones del medio en que se habita, ¿de qué concepción hablamos?

a) Mágico-religiosa.
b) Miasmática.
c) Bacteriológica.
d) Multicausal y ecológica.

3. ¿Quién formuló la definición "La salud es una aptitud óptima para la vida llena, fructífera y creativa"?

a) La OMS.
b) Perpiñan.
c) Hoysman.
d) Sigerid.

4. El nuevo concepto de salud se ajusta mejor a un enfoque:

a) Estático-ecológico.
b) Dinámico-ecológico.

c) Estático-biológico.
d) Bioestático.

5. ¿Cuáles de los siguientes son factores determinantes de la aparición de enfermedades?

a) Los hábitos (estilo de vida).
b) Genética.
c) Los sistemas de salud.
d) Todos.

6. ¿En qué grupo de factores determinantes de la salud se incluye un virus?

a) Medio ambiente.
b) Estilo de vida.
c) Biología humana.
d) Sistema sanitario.

7. Las radiaciones ionizantes que actúan como factor de riesgo ambiental son un agente:

a) Biológico.
b) Físico.
c) Químico.
d) Psicocultural.

8. ¿Cuál de los determinantes de la salud es el más directamente abordable mediante Educación para la Salud (EPS)?

a) Biología humana.
b) Medio ambiente.
c) Los estilos de vida.
d) La Atención Primaria de Salud.

9. ¿Qué factor condicionante suele tener mayor impacto global sobre el estado de salud de la población?

a) Medio ambiente.
b) Estilo de vida.
c) Biología humana.
d) Sistema sanitario.

10. La genética, como determinante de la salud, se integra dentro de:

a) El medio ambiente.
b) Los estilos de vida.

c) La biología humana.
d) Los sistemas sanitarios.

11. Si un paciente refiere síntomas y además existen signos objetivos, ¿en qué periodo de la historia natural de la enfermedad está?

a) Clínico
b) Subclínico
c) Estado
d) Son correctas a) y c)

12. ¿Cómo se llama la fase del periodo clínico en la que aparecen las primeras manifestaciones, aún escasas?

a) De estado o florida
b) De incubación
c) Prodrómica
d) Final o de resolución

13. Cuando los signos y síntomas ya son manifiestos y máximos, ¿en qué fase estamos?

a) Incubación o latencia
b) Fase prodrómica
c) Periodo (fase) de estado
d) Fase de resolución

14. La fase en la que empiezan a aparecer síntomas, aún pocos, es:

a) Incubación/latencia
b) Fase prodrómica
c) Periodo de estado
d) Fase de resolución

15. ¿Cuál de las siguientes no es una fase de la enfermedad?

a) Periodo de latencia
b) Fase prodrómica
c) Fase posprandial
d) Periodo de estado

16. Según la Carta de Ottawa, las acciones propias de la promoción de la salud incluyen:

a) Abogar a favor de la salud
b) Capacitar para elegir opciones saludables

c) Mediar entre intereses divergentes
d) Todo lo anterior

17. ¿A qué organismo se atribuye la definición de prevención como "cualquier medida que reduce la probabilidad de aparición o interrumpe/amina su progresión"?

a) OMS
b) Ministerio de Sanidad (España)
c) INGESA
d) Canadian Task Force

18. La división en prevención primaria, secundaria y terciaria se basa en:

a) La historia natural de la enfermedad
b) El tipo de acción
c) Edad y sexo
d) Tipo de patología

19. Sobre prevención, señala lo falso:

a) La primaria disminuye la probabilidad de aparición
b) La secundaria busca interrumpir o frenar la progresión
c) La primaria incluye la rehabilitación precoz
d) La primaria puede reducir la incidencia

20. La prevención primaria en adultos mediante cambio de conductas insanas incluye todo salvo:

a) Lucha antitabaco
b) Prevención de cardiopatía isquémica
c) Prevención de cáncer colorrectal
d) Prevención del hipotiroidismo congénito

En MADTEST tienes **más preguntas de este tema**, y todos tus avances quedan registrados y se reflejan en el ranking.

¡Supera tus límites con MADTEST!

Solución al test n.º 1

1. d) Parsons.

2. b) Miasmática.

3. c) Hoysman.

4. b) Dinámico-ecológico.

5. d) Todos.

6. a) Medio ambiente.

7. b) Físico.

8. c) Los estilos de vida.

9. b) Estilo de vida.

10. c) La biología humana.

11. a) Clínico.

12. c) Prodrómica.

13. c) Periodo de estado.

14. b) Fase prodrómica.

15. c) Fase posprandial.

16. d) Todo lo anterior.

17. a) OMS

18. a) La historia natural de la enfermedad.

19. c) La primaria incluye la rehabilitación precoz.

20. d) Prevención del hipotiroidismo congénito.

TEST N.º 2

Educación sanitaria. Higiene: higiene personal, higiene de la alimentación, higiene mental, higiene sexual. Infección y profilaxis: concepto, mecanismo de defensa ante las infecciones, enfermedad infecciosa, profilaxis y terapéutica

1. Podemos definir la higiene como:

a) Conjunto de conocimientos y técnicas para controlar factores nocivos para la salud.
b) Conjunto de técnicas para mejorar, conservar y prevenir enfermedades.
c) Técnicas básicas de aseo y cuidado del cuerpo humano.
d) Conocimientos y técnicas para promoción y restablecimiento de la salud.

2. La frecuencia del baño dependerá de:

a) Los hábitos de cada individuo.
b) Las costumbres del lugar.
c) La actividad de la persona y las condiciones climáticas.
d) Las condiciones físicas de cada persona.

3. Señale la opción incorrecta: las manos pueden transmitir...

a) Enfermedades diarreicas (parasitarias, bacterianas y virales).
b) Afecciones respiratorias.
c) Infecciones micóticas de las uñas.
d) Intoxicaciones alimentarias.

4. ¿Qué componente no se clasifica como nutriente?

a) Proteínas.
b) Vitaminas.
c) Fibra.
d) Minerales.

5. ¿Cuál de estas no se vincula en el texto a una dieta poco saludable?

a) Cáncer.
b) Diabetes.
c) Artrosis.
d) Depresión.

6. Conjunto de técnicas para eliminar microorganismos en objetos/superficies:

a) Antisepsia.
b) Desinfección.
c) Limpieza.
d) Asepsia.

7. En la antisepsia se utilizan:

a) Gammaglobulinas.
b) Productos químicos.
c) Desinfectantes.
d) Las opciones b) y c) son correctas.

8. Los carbamatos (p. ej., carbaril) actúan:

a) Por contacto.
b) Por asfixia.
c) Como repelentes.
d) Como fumigantes.

9. Desinsectación es:

a) Suprimir microorganismos en habitación/ropa.
b) Eliminar artrópodos.
c) Eliminar gérmenes en superficie/interior.
d) Uso de químicos para destruir microorganismos.

10. Productos aplicados en piel para evitar picaduras:

a) Repelentes.
b) Asfixiantes.
c) Ahuyentadores.
d) Las opciones a) y c) son correctas.

11. El paludismo por *Plasmodium* se considera:

a) Protozonemia.
b) Infestación.

c) Insectación.
d) Aracnoide.

12. Suprimir patógenos en habitación, ropa, manos, piel:

a) Desinfección.
b) Desinsectación.
c) Asepsia.
d) Esterilización.

13. Un buen desinfectante debe ser:

a) Estable.
b) De bajo costo.
c) Biodegradable.
d) Todas son correctas.

14. Un producto bactericida:

a) Mata microorganismos.
b) Inhibe su crecimiento.
c) Estimula la inmunidad.
d) Limpia.

15. Para desinfectar piel se usan:

a) Desinfectantes (para objetos).
b) Antisépticos.
c) Esterilización.
d) Antibióticos.

16. Destruir todos los patógenos salvo esporas es:

a) Asepsia.
b) Antisepsia.
c) Desinfección.
d) Esterilización.

17. La desinfección capaz de destruir bacilo de Koch es:

a) Bajo nivel.
b) Muy bajo.
c) Alto nivel.
d) Nivel infinito.

18. Activa solo frente a virus lipídicos medios, bacterias vegetativas y hongos:

a) Alto nivel.
b) Muy alto.
c) Intermedio.
d) Bajo nivel.

19. La ebullición es un método de:

a) Desinfección.
b) Esterilización.
c) Limpieza.
d) Esterilizar agujas (actual).

20. Técnica: 30 min a 68 °C y enfriado rápido:

a) Pasteurización.
b) Uperización.
c) Esterilización.
d) Ebullición.

En MADTEST tienes **más preguntas de este tema**, y todos tus avances quedan registrados y se reflejan en el ranking.

¡Supera tus límites con MADTEST!

Solución al test n.º 2

1. a) Conjunto de conocimientos y técnicas para controlar factores nocivos para la salud.

2. c) La actividad de la persona y las condiciones climáticas.

3. b) Afecciones respiratorias.

4. c) Fibra.

5. c) Artrosis.

6. b) Desinfección.

7. d) Las opciones b) y c) son correctas.

8. a) Por contacto.

9. b) Eliminar artrópodos.

10. d) Las opciones a) y c) son correctas.

11. b) Infestación.

12. a) Desinfección.

13. d) Todas son correctas.

14. a) Mata microorganismos.

15. b) Antisépticos.

16. c) Desinfección.

17. c) Alto nivel.

18. d) Bajo nivel.

19. a) Desinfección.

20. a) Pasteurización.

TEST N.º 3

Legislación farmacéutica y de relación con la asistencia al paciente: Ley de garantías y uso racional de los medicamentos y productos sanitarios. Ley de ordenación farmacéutica de Galicia. Real decreto 175/2001, de 23 de febrero, por el que se aprueban las normas de correcta elaboración y control de calidad y de fórmulas magistrales y preparados oficinales. Ley de autonomía del paciente (Ley 41/2002, de 15 de noviembre), Ley orgánica 15/1999, de 13 de diciembre, de protección de datos de carácter personal

1. Todo componente de un medicamento distinto del principio activo y del material de acondicionamiento, se llama:

a) Aditivo.
b) Excipiente.
c) Sustancia inactiva.
d) Residuo.

2. ¿Qué título del Texto refundido de la Ley de garantías y uso racional de los medicamentos y productos sanitarios regula el uso racional de los medicamentos de uso humano?

a) Título II.
b) Título IV.
c) Título V.
d) Título VI.

3. Los responsables de la producción, distribución, venta y dispensación de medicamentos y productos sanitarios deberán respetar, en la prestación del servicio a la comunidad, el principio de:

a) Continuidad.
b) Interés público.
c) Universalidad.
d) Publicidad.

4. Se considera una infracción muy grave:

a) Realizar ensayos clínicos sin la previa autorización administrativa.

b) Fabricar o importar productos cosméticos sin atenerse a las condiciones manifestadas en la declaración responsable.

c) Fabricar productos sanitarios a medida sin contar con la correspondiente prescripción escrita por un facultativo.

d) Dispensar medicamentos sin receta, cuando esta resulte obligada.

5. Según el Texto refundido de la Ley de garantías y uso racional de los medicamentos y productos sanitarios, los remedios secretos:

a) Deberán estar autorizados por la Agencia Española de Medicamentos y Productos Sanitarios.

b) Estarán permitidos cuando se demuestren claramente beneficiosos para la salud.

c) Están prohibidos.

d) Solo podrán dispensarse bajo prescripción facultativa en los servicios de farmacia de los hospitales.

6. En relación con la denominación oficial española de los principios activos, es cierto que:

a) En el Estado Español solo se podrá utilizar la denominación oficial española.

b) La denominación oficial española deberá ser igual a la denominación común internacional (DCI) fijada por la Organización Mundial de la Salud.

c) Las denominaciones oficiales españolas de los principios activos serán de dominio público.

d) La denominación del medicamento deberá incluir la denominación oficial española.

7. Sin perjuicio del derecho relativo a la protección de la propiedad industrial y comercial, los medicamentos genéricos de uso humano autorizados no podrán ser comercializados hasta transcurridos desde la fecha de la autorización inicial del medicamento de referencia:

a) 5 años.

b) 8 años.

c) 10 años.

d) 12 años.

8. En el supuesto de que para una sustancia de uso médico bien establecido se autorice una nueva indicación, con base en ensayos clínicos o estudios preclínicos significativos, se concederá un periodo no acumulativo de exclusividad de datos de:

a) 1 año.

b) 2 años.

c) 4 años.
d) 5 años.

9. Según el Texto refundido de la Ley de garantías y uso racional de los medicamentos y productos sanitarios, la autorización de medicamentos tendrá una duración de:

a) 5 años.
b) 8 años.
c) 10 años.
d) 11 años.

10. La autorización de un medicamento se entenderá caducada si el titular no procede a la comercialización efectiva del mismo en un plazo de:

a) 1 año.
b) 3 años.
c) 4 años.
d) 5 años.

11. Los expedientes de los medicamentos veterinarios destinados a peces, abejas y otras especies que se determine en el ámbito de la Unión Europea, contarán con un periodo de exclusividad de datos de:

a) 8 años.
b) 10 años.
c) 11 años.
d) 13 años.

12. En el supuesto de que a una sustancia de uso veterinario bien establecido se le otorgue, con base en nuevos estudios de residuos y nuevos ensayos clínicos, una autorización para otra especie productora de alimentos se concederá a esa especie un periodo de exclusividad de datos de:

a) 1 año.
b) 3 años.
c) 5 años.
d) 8 años.

13. Se exigirá prescripción para todos aquellos medicamentos veterinarios nuevos que contengan un principio activo cuya utilización en los medicamentos veterinarios lleve autorizada menos de:

a) 1 año.
b) 2 años.

c) 3 años.
d) 5 años.

14. En relación con la distribución y dispensación de medicamentos veterinarios, el Texto refundido de la Ley de garantías y uso racional de los medicamentos y productos sanitarios determina que:

a) Se autoriza a los establecimientos comerciales detallistas la dispensación al público de los medicamentos veterinarios.
b) Las entidades o agrupaciones ganaderas autorizadas que cuenten con servicio farmacéutico responsable de la custodia, conservación y dispensación de estos medicamentos podrán dispensarlos al público en general.
c) Los medicamentos destinados a perros, gatos, animales de terrario, pájaros domiciliarios, peces de acuario y pequeños roedores podrán distribuirse y venderse en otros establecimientos sin necesidad de autorización.
d) Las Administraciones públicas, en el ejercicio de sus competencias, podrán adquirir los medicamentos veterinarios que sean precisos, directamente de los laboratorios farmacéuticos o de cualquier centro de distribución autorizado.

15. En relación con los preparados oficinales, el Texto refundido de la Ley de garantías y uso racional de los medicamentos y productos sanitarios señala que:

a) Deben ir acompañados del nombre del farmacéutico que los prepare.
b) Deben presentarse y dispensarse necesariamente bajo marca comercial.
c) Deben elaborarse en un laboratorio legalmente autorizado para tal fin por la Administración sanitaria competente.
d) No podrán estar previamente descritos en el Formulario Nacional.

16. Según el Texto refundido de la Ley de garantías y uso racional de los medicamentos y productos sanitarios, no entran dentro de la denominación «medicamentos especiales»:

a) Las vacunas.
b) Los medicamentos de origen humano.
c) Los medicamentos de plantas medicinales.
d) Las fórmulas magistrales.

17. Los derivados de la sangre, del plasma y el resto de las sustancias de origen humano (fluidos, glándulas, excreciones, secreciones, tejidos y cualesquiera otras sustancias), así como sus correspondientes derivados, se considerarán medicamentos:

a) En todo caso.
b) Cuando procedan de donaciones altruistas.
c) Cuando se utilicen con finalidad terapéutica.
d) Cuando tengan una finalidad diagnóstica.

18. Todo radionucleido producido industrialmente para el marcado radiactivo de otras sustancias antes de su administración, se denomina:

a) Generador.
b) Precursor.
c) Equipo reactivo.
d) Isótopo radiactivo.

19. El laboratorio farmacéutico deberá responder de las obligaciones que le sean exigibles durante el tiempo de su actividad, incluso en caso de suspensión de la misma, y durante un plazo posterior a su clausura de:

a) 5 años.
b) 7 años.
c) 9 años.
d) 11 años.

20. En relación con los mensajes publicitarios de los medicamentos, es cierto que:

a) La publicidad de medicamentos no sujetos a prescripción médica requerirá de autorización administrativa previa.
b) Podrán incluir expresiones que proporcionen seguridad de curación, testimonios sobre las virtudes del producto y de profesionales o personas cuya notoriedad induzca al consumo.
c) Debe resultar evidente el carácter publicitario del mensaje y quedar claramente especificado que el producto es un medicamento.
d) Podrán utilizar como argumento publicitario el hecho de haber obtenido autorización sanitaria en cualquier país o cualquier otra autorización, número de registro sanitario o certificación que corresponda expedir, y los controles o análisis que compete ejecutar a las autoridades sanitarias.

En MADTEST tienes **más preguntas de este tema**, y todos tus avances quedan registrados y se reflejan en el ranking.

¡Supera tus límites con MADTEST!

Solución al test n.º 3

1. b) Excipiente.

2. d) Título VI.

3. a) Continuidad.

4. a) Realizar ensayos clínicos sin la previa autorización administrativa.

5. c) Están prohibidos.

6. c) Las denominaciones oficiales españolas de los principios activos serán de dominio público.

7. c) 10 años.

8. a) 1 año.

9. a) 5 años.

10. b) 3 años.

11. d) 13 años.

12. b) 3 años.

13. d) 5 años.

14. d) Las Administraciones públicas, en el ejercicio de sus competencias, podrán adquirir los medicamentos veterinarios que sean precisos, directamente de los laboratorios farmacéuticos o de cualquier centro de distribución autorizado.

15. a) Deben ir acompañados del nombre del farmacéutico que los prepare.

16. d) Las fórmulas magistrales.

17. c) Cuando se utilicen con finalidad terapéutica.

18. b) Precursor.

19. a) 5 años.

20. c) Debe resultar evidente el carácter publicitario del mensaje y quedar claramente especificado que el producto es un medicamento.

TEST N.º 4

Organizaciones farmacéuticas: oficinas de farmacia. Farmacia hospitalaria. Almacenes de distribución. Laboratorios farmacéuticos. Colegios oficiales de farmacéuticos

1. Según la Ley 14/1986, de 25 de abril, General de Sanidad, se distinguen, dentro de la asistencia sanitaria, dos modalidades: Atención Primaria y Atención Especializada. No es una prestación del área de Atención Primaria:

a) Atención a la mujer.
b) Atención de urgencia.
c) Atención a la infancia.
d) Salud mental.

2. ¿En qué se diferencia la Atención Especializada de la Atención Primaria?

a) En que la Atención Especializada se presta en régimen ambulatorio y la Atención Primaria no.
b) En que solo la Atención Especializada ofrece la asistencia en régimen de internamiento.
c) En que la Atención Especializada se presta en régimen de urgencias y la Atención Primaria no.
d) Ninguna es correcta.

3. La Atención Primaria de la Salud:

a) Constituye el primer nivel de acceso ordinario de la población al Sistema Sanitario Públicos.
b) Se caracteriza por prestar atención especial a la salud.
c) Se puede prestar en régimen ambulatorio, de urgencias, e incluye asistencia en régimen domiciliario y de rehabilitación.
d) Todas son correctas.

4. La atención primaria es la puerta de entrada al sistema sanitario e integra diferentes funciones:

a) Promoción, prevención, tratamiento, curación y rehabilitación.
b) Promoción, prevención y protección.

c) Promoción, educación sanitaria y prevención.
d) Prevención, curación y rehabilitación.

5. ¿En qué conferencia internacional se define la Atención Primaria de Salud como una asistencia sanitaria puesta al alcance de todos los individuos y familias de la comunidad, por medios que le sean aceptables, con su plena participación y a un coste que la comunidad y país puedan soportar?

a) En la Carta de Ottawa.
b) En la Declaración de Yakarta.
c) En la Declaración de Alma-Ata.
d) En el Documento de salud 21.

6. Señala cuál No es una de las características de la Atención Primaria de la Salud:

a) Nuevos principios de atención a la salud: atención integral, referida a la promoción de la salud, prevención de la enfermedad, diagnóstico, tratamiento, curación y rehabilitación.
b) Nuevos servicios: cita previa programada, historia clínica familiar e individual, consultas de Enfermería, consultas del «niño sano», Servicios de Información al Usuario, etc.
c) Nueva concepción de la asistencia sanitaria, individual y colectiva, en la que solo se curan individuos enfermos.
d) Nuevas áreas asistenciales cubiertas: Salud laboral, Salud Mental, Asistencia social, Enfermos crónicos, etc.

7. Es un objetivo de la Atención Primaria de Salud:

a) Prestar asistencia ambulatoria especializada.
b) Promover la hospitalización de los pacientes.
c) El tratamiento temprano de las enfermedades para evitar hospitalizaciones innecesarias.
d) Todas son correctas.

8. Según el artículo 56 de la Ley General de Sanidad Comunidades Autónomas han delimitado y constituido en su territorio demarcaciones territoriales denominadas:

a) Zona Básica de salud.
b) Áreas de salud.
c) Centros de Salud.
d) EAP.

9. Las Áreas de Salud de dividen en:

a) Demarcaciones geográficas.
b) Departamentos especializados.

c) Zonas básicas de Salud.
d) Centros de salud.

10. Las Áreas de Salud:

a) Serán dirigidas por un órgano propio, donde deberán participar las Corporaciones Locales en ellas situadas con una representación no inferior al 20 por 100, dentro de las directrices y programas generales sanitarios establecidos por la Comunidad Autónoma.
b) Serán dirigidas por un órgano propio, donde deberán participar las Corporaciones Locales en ellas situadas con una representación no inferior al 30 por 100, dentro de las directrices y programas generales sanitarios establecidos por la Comunidad Autónoma.
c) Serán dirigidas por un órgano propio, donde deberán participar las Corporaciones Locales en ellas situadas con una representación no inferior al 40 por 100, dentro de las directrices y programas generales sanitarios establecidos por la Comunidad Autónoma.
d) Serán dirigidas por un órgano propio, donde deberán participar las Corporaciones Locales en ellas situadas con una representación no inferior al 50 por 100, dentro de las directrices y programas generales sanitarios establecidos por la Comunidad Autónoma.

11. Las Áreas de Salud se delimitan teniendo en cuenta factores:

a) Geográficos.
b) Demográficos.
c) Climatológicos.
d) Todas son correctas.

12. Un Área de Salud extenderá su acción a una población:

a) No superior a 20.000 habitantes.
b) No superior a 25.000 habitantes.
c) No inferior a 20.000 habitantes.
d) No superior a 250.000 habitantes.

13. El Área de Salud extiende su acción a una población no inferior a:

a) 150.000 habitantes.
b) 200.000 habitantes.
c) 20.000 habitantes.
d) 5.000 habitantes.

14. Señala el enunciado correcto en relación con las características de la Atención Primaria de Salud:

a) Los Ambulatorios y los Consultorios han venido a sustituir a los Centros de Salud.
b) Se incorporan nuevos profesionales, tales como los Trabajadores Sociales, Odontólogos, Farmacéuticos y Veterinarios y los Técnicos de Salud Pública, etc.

c) Se han instaurado nuevos horarios y régimen de personal; ya no es necesario una dedicación exclusiva al sistema sanitario público por parte de los profesionales.

d) Surge una nueva sectorización del territorio, desaparecen las Zonas Básicas de Salud.

15. Señala cuál de las siguientes no es una de las características de la Atención Primaria de Salud:

a) Desaparecen antiguas áreas asistenciales tales como Salud laboral, Salud Mental, Asistencia social, Enfermos crónicos, etc.

b) Se establecen nuevos servicios como la cita previa programada, Historia Clínica familiar e individual, Consultas de Enfermería, Consultas del «niño sano», Servicios de Información al Usuario, etc.

c) Surge una nueva concepción de la asistencia sanitaria, individual y colectiva, en la que no solo se curan individuos enfermos sino que se promociona la salud y se educan individuos sanos.

d) Se crea una nueva sectorización del territorio, las Zonas Básicas de Salud.

16. Es incorrecto decir sobre la Zona Básica de Salud que:

a) Es el marco territorial de la Atención Secundaria de Salud.

b) Es la demarcación poblacional y geográfica fundamental, delimitada a una determinada población.

c) Es accesible desde todos los puntos.

d) La ZBS es capaz de proporcionar una atención de salud continuada, integral, permanente, con el fin de coordinar las funciones sanitarias afines.

17. Como norma general, la ZBS abarca una población comprendida entre:

a) 20.000 y 25.000 habitantes.
b) 10.000 y 25.000 habitantes.
c) 5.000 y 25.000 habitantes.
d) 200.000 y 250.000 habitantes con excepciones.

18. Las Zonas Básicas de Salud se delimitan teniendo en cuenta los siguientes factores (señala lo incorrecto):

a) Las distancias o isócronas máximas de las agrupaciones de población más alejadas de los servicios.

b) Las características epidemiológicas de la zona.

c) Las características culturales , climatológicas y de dotación de vías y medios de comunicación.

d) Las instalaciones y recursos de la zona.

19. La Zona Básica de Salud:

a) Es la demarcación poblacional y geográfica fundamental.
b) Está delimitada a una determinada población.
c) Es accesible desde todos los puntos y capaz de proporcionar una atención de salud continuada, integral y permanente.
d) Todas son correctas.

20. ¿Dónde se desarrolla el trabajo del equipo de salud?

a) En el centro de salud.
b) En la zona básica de salud.
c) En el área sanitaria.
d) En el municipio donde está adscrito al puesto de trabajo.

En MADTEST tienes **más preguntas de este tema**, y todos tus avances quedan registrados y se reflejan en el ranking.

¡Supera tus límites con MADTEST!

Solución al test n.º 4

1. d) Salud mental.

2. b) En que solo la Atención Especializada ofrece la asistencia en régimen de internamiento.

3. a) Constituye el primer nivel de acceso ordinario de la población al Sistema Sanitario Públicos.

4. a) Promoción, prevención, tratamiento, curación y rehabilitación.

5. c) En la Declaración de Alma-Ata.

6. c) Nueva concepción de la asistencia sanitaria, individual y colectiva, en la que solo se curan individuos enfermos.

7. c) El tratamiento temprano de las enfermedades para evitar hospitalizaciones innecesarias.

8. b) Áreas de salud.

9. c) Zonas básicas de Salud.

10. c) Serán dirigidas por un órgano propio, donde deberán participar las Corporaciones Locales en ellas situadas con una representación no inferior al 40 por 100, dentro de las directrices y programas generales sanitarios establecidos por la Comunidad Autónoma.

11. d) Todas son correctas.

12. d) No superior a 250.000 habitantes.

13. b) 200.000 habitantes.

14. b) Se incorporan nuevos profesionales, tales como los Trabajadores Sociales, Odontólogos, Farmacéuticos y Veterinarios y los Técnicos de Salud Pública, etc..

15. a) Desaparecen antiguas áreas asistenciales tales como Salud laboral, Salud Mental, Asistencia social, Enfermos crónicos, etc.

16. a) Es el marco territorial de la Atención Secundaria de Salud.

17. c) 5.000 y 25.000 habitantes.

18. c) Las características culturales, climatológicas y de dotación de vías y medios de comunicación.

19. d) Todas son correctas.

20. b) En la zona básica de salud.

TEST N.º 5

Medicamentos: definiciones y tipos. Clasificación anatómica, terapéutica y química. Generalidades: Mecanismo de acción y efectos. Definiciones y tipos. Especialidades farmacéuticas genéricas (EFG), Especialidades farmacéuticas publicitarias (EFP), estupefacientes y psicotropos, medicamentos en situaciones especiales: medicamentos extranjeros, uso compasivo o utilizados en condiciones no establecidas en su ficha técnica. Medicamentos de especial control médico. Medicamentos de diagnóstico hospitalario y uso hospitalario. Muestras para investigación clínica. Etiquetado, prospecto y ficha técnica. Aplicaciones informáticas de bases de datos del medicamento

1. Uno de los siguientes no es un medicamento especial biológico:

a) Vacunas.
b) Sueros.
c) Insulinas.
d) Hemoderivados.

2. Sobre los productos farmacéuticos, señala la respuesta incorrecta:

a) Es cualquier producto del sector farmacéutico pudiendo estar patentado o no.
b) Engloba las los productos higiénicos.
c) Engloba a los productos dietéticos.
d) Engloba a los efectos sus accesorios.

3. Podemos clasificar los medicamentos de diferentes maneras según la finalidad que se persiga; señala cual cuál no es una clasificación útil:

a) Según la propiedad de la patente.
b) Según la financiación del SNS.

c) Según las condiciones de dispensación.
d) Todas son correctas.

4. Un medicamento original es:

a) Medicamentos fabricados por laboratorios que obtienen la licencia para fabricarlos, cedida por el laboratorio que ha hecho el desarrollo del producto y que tiene la patente del mismo.

b) Medicamentos que aparecen en el mercado una vez caducada la patente de los medicamentos originales.

c) Medicamentos desarrollados en el laboratorio que los comercializa. Tienen patente y dura cierto tiempo, y cuando se caduca la patente cualquier laboratorio puede fabricar estos medicamentos.

d) Todo medicamento que tenga la misma composición cualitativa y cuantitativa en principio activo y la misma fórmula farmacéutica, y cuya bioequivalencia con el medicamento de referencia haya sido demostrada por estudios adecuados de biodisponibilidad.

5. Los requisitos específicos de la autorización de medicamentos genéricos se regulan en:

a) Real Decreto 1705/1998.
b) Real Decreto 225 /2010.
c) Real Decreto 1345/2007.
d) Real Decreto 900/2000.

6. Señala cuál es un medicamento sujeto a prescripción médica:

a) De dispensación renovable y no renovable.
b) De dispensación restringida.
c) De prescripción especial.
d) Todas son correctas.

7. Sobre los medicamentos sujetos a prescripción médica señala lo incorrecto:

a) La prescripción médica se lleva a cabo mediante receta o no.
b) Se identifican por la leyenda "medicamento sujeto a prescripción médica".
c) Presentan símbolo "O" en su etiquetaje.
d) Algunos tienen características especiales que se identifican en el etiquetado.

8. Señala el enunciado correcto sobre los medicamentos de dispensación renovable:

a) Son los utilizados en tratamientos de larga duración.
b) El plazo máximo de duración del tratamiento que puede ser prescrito en una receta es de 1 año si la prescripción se realiza en papel.

c) El plazo máximo de duración del tratamiento que puede ser prescrito en una receta es de 6 meses de duración si la prescripción se realiza en receta electrónica.

d) Se identifica con las siglas MDR en su embalaje.

9. Señala cuál no es un medicamento de dispensación restringida:

a) Medicamentos de uso hospitalario.
b) Medicamentos de diagnóstico hospitalario.
c) Medicamentos TLD.
d) Medicamentos de especial control médico.

10. Todas las especialidades farmacéuticas psicotrópicas (sustancia del anexo I), que requieren receta médica para su dispensación llevan rotulado en el cartonaje, junto a su código nacional:

a) Un círculo negro.
b) Un círculo de fondo blanco.
c) Un círculo de fondo blanco dividido por una franja negra vertical.
d) Medio círculo de fondo negro y el otro medio de fondo blanco.

11. La parte de la farmacología que estudia mecanismos de acción y efectos de los fármacos en el organismo animal se denomina:

a) Farmacoterapéutica.
b) Farmacognosia.
c) Farmacodinámica.
d) Patogenia.

12. El estudio y características físico-químicas de las materias primas o principios activos de origen biológicos destinadas a la preparación de un fármaco, se denomina:

a) Farmacocinética.
b) Farmacognosia.
c) Farmacoterapia.
d) Farmacotecnología.

13. El tratamiento etiológico es el que:

a) Pretende combatir la causa de la enfermedad.
b) Pretende bloquear el mecanismo patológico de una alteración fisiológica.
c) Está encaminado a definir una enfermedad.
d) Alivia los síntomas.

14. ¿Qué ciencia engloba todos los procesos técnicos de la elaboración de medicamentos, así como los analíticos y de control de calidad del producto acabado?

a) Farmacodinamia.
b) Farmacotecnia.
c) Farmacia galénica.
d) Las respuestas b) y c) son correctas.

15. Los factores que determinan el grado de absorción de un fármaco no incluyen:

a) La capacidad del fármaco para cruzar las membranas biológicas.
b) La vía de administración.
c) La capacidad de biotransformación del fármaco.
d) La solubilidad del fármaco.

16. ¿Qué evolución sigue un fármaco una vez administrado?

a) Liberación, distribución, biotransformación, absorción y eliminación.
b) Absorción, liberación, metabolización, distribución y eliminación.
c) Liberación, absorción, distribución, metabolización y eliminación.
d) Liberación, absorción, distribución, metabolización, eliminación y biotransformación.

17. Un fármaco se ha liberado cuando:

a) Se ha disuelto en el lugar de absorción.
b) Ha pasado al torrente sanguíneo.
c) Se ha unido a su receptor específico.
d) Se difunde a través del plasma.

18. ¿Cuál de las siguientes opciones define mejor el concepto de distribución en farmacología?

a) Es el tiempo que transcurre desde que el fármaco pasa al torrente sanguíneo hasta que deja de tener efecto.
b) Es el proceso de transporte del fármaco desde su lugar de absorción hasta el órgano diana.
c) Es el proceso por el cual un fármaco es trasladado desde el sitio de administración hasta la sangre.
d) Es la velocidad a la que una determinada droga se une a las proteínas que le permitirán introducirse dentro de la célula.

19. ¿Cómo viajan los fármacos por la sangre?

a) Libremente.
b) Unidos a proteínas plasmáticas como la albúmina.

c) Unidos a algunas proteínas específicas.
d) Todas son correctas.

20. Respecto a la excreción/eliminación de un fármaco, señala la respuesta incorrecta:

a) La eliminación urinaria se realiza a favor de los siguientes mecanismos: filtración glomerular, secreción tubular y reabsorción tubular.
b) La excreción biliar de fármacos permite su reabsorción a nivel intestinal.
c) Cuanto mayor sea el aclaramiento renal del fármaco, mayor será su velocidad de desaparición del plasma.
d) Por orden decreciente de importancia, las vías de eliminación de los fármacos son las siguientes: urinaria, sudor, leche, biliar-entérica, saliva y epitelios descamados.

En MADTEST tienes **más preguntas de este tema**, y todos tus avances quedan registrados y se reflejan en el ranking.

¡Supera tus límites con MADTEST!

Solución al test n.º 5

1. b) Suero.

2. a) Es cualquier producto del sector farmacéutico pudiendo estar patentado o no.

3. d) Todas son correctas.

4. c) Medicamentos desarrollados en el laboratorio que los comercializa. Tienen patente y dura cierto tiempo, y cuando se caduca la patente cualquier laboratorio puede fabricar estos medicamentos.

5. c) Real Decreto 1345/2007.

6. d) Todas son correctas.

7. a) La prescripción médica se lleva a cabo mediante receta o no.

8. a) Son los utilizados en tratamientos de larga duración.

9. c) Medicamentos TLD.

10. d) Medio círculo de fondo negro y el otro medio de fondo blanco.

11. c) Farmacodinámica.

12. b) Farmacognosia.

13. a) Pretende combatir la causa de la enfermedad.

14. d) Las respuestas b) y c) son correctas.

15. c) La capacidad de biotransformación del fármaco.

16. c) Liberación, absorción, distribución, metabolización y eliminación.

17. a) Se ha disuelto en el lugar de absorción.

18. b) Es el proceso de transporte del fármaco desde su lugar de absorción hasta el órgano diana.

19. d) Todas son correctas.

20. a) La eliminación urinaria se realiza a favor de los siguientes mecanismos: filtración glomerular, secreción tubular y reabsorción tubular.

TEST N.º 6

Fórmulas magistrales y preparados oficinales: conceptos generales. Normas de correcta elaboración y control de la calidad. Abreviaturas utilizadas en formulación magistral. Formulario Nacional. Materias primas. Excipientes de uso más frecuente en farmacia galénica. Ensayos para el reconocimiento y control de calidad de materias primas. Ensayos y control de calidad de fórmulas magistrales y preparados oficinales. Envases para formas farmacéuticas: tipos, usos y simbología. Envasado y etiquetado. Identificación, conservación y registro de fórmulas magistrales y preparados oficinales

1. Son funciones de la unidad de Farmacotecnia las siguientes excepto una; indica cuál:

a) Preparación de fórmulas que están disponibles en el comercio. b) Proporcionar en todo momento formas de dosificación adecuadas a las necesidades específicas del hospital.

c) Operaciones de reenvasado de especialidades para su adecuación a los sistemas de distribución propios del hospital.

d) Elaboración y control de formulaciones normalizadas y extemporáneas.

2. Con relación a la elaboración y control de diversas formas farmacéuticas, ¿cuál es la afirmación incorrecta?

a) El Técnico de Farmacia deberá conocer las técnicas fundamentales de análisis de los medicamentos.

b) El Técnico de Farmacia debe señalar toda anomalía y constatar las posibles faltas de conformidad con el procedimiento de elaboración.

c) El Técnico de Farmacia tiene la responsabilidad sobre las preparaciones que se realizan en el servicio farmacéutico.

d) El Técnico de Farmacia debe conocer las técnicas de envasado e identificación de los medicamentos en el hospital.

3. Señala la respuesta correcta. La elaboración de cualquier preparado y bajo supervisión directa del farmacéutico puede hacerla:

a) El Farmacéutico.
b) El Técnico de Farmacia.
c) Un DUE.
d) Todas son correctas.

4. El Técnico de Farmacia:

a) Establecerá las condiciones higiénicas del personal.
b) Elaborará las fórmulas tipificadas, preparados oficinales y preparaciones estériles.
c) Se ocupará de la calibración de equillos y aparatos de medida.
d) Se encargará del reenvasado de sólidos y líquidos.

5. Según el Real Decreto 175/2001, se establece que:

a) Las materias primas utilizadas en la preparación de fórmulas magistrales y preparados oficinales deben ser sustancias de acción e indicación reconocidas legalmente en España.
b) Existen determinados requisitos de eficacia, seguridad, calidad, identificación correcta e información debida del medicamento.
c) Las materias primas pueden ser seleccionadas por el Farmacéutico responsable siempre que cumplan el control de calidad.
d) Los procedimientos de elaboración son funciones del Farmacéutico responsable.

6. Un lote de materia prima con la referencia C/2/2011, indica que se trata de:

a) Un medicamento elaborado en febrero de 2011.
b) Un coadyuvante elaborado en febrero de 2011.
c) Un medicamento de segunda entrada en 2011.
d) Un coadyuvante de segunda entrada en 2011.

7. La unidad de mezclas intravenosas:

a) Debe contar con un espacio reservado para la lectura y redacción de documentos en el que se encuentre a mano toda la documentación reglamentaria.
b) Debe evitar los mecanismos de filtración de aire para evitar la contaminación de muestras.
c) Debe estar aislada del resto del servicio de farmacia.
d) Se utilizarán cabinas de seguridad de flujo laminar tipo I.

8. Señala la respuesta errónea. Los citostáticos tienen características específicas:

a) Carcinógenas.
b) Teratógenas.

c) Mutágenas.
d) Colinérginas.

9. La ficha de control de calidad de materias primas debe contener los siguientes datos, excepto uno; indica cuál:

a) Descripciones detalladas de las técnicas utilizadas.
b) Número de lote.
c) Farmacéutico responsable.
d) Número de control de estocaje.

10. Para la preparación de hidrogeles será necesario contar con:

a) Agitador mecánico de velocidad regulable.
b) Microondas o fuente calefactora.
c) Tamizadora oscilante.
d) PH-metro.

11. En la elaboración de formulaciones normalizadas, las características de fabricación del lote de tamaño estándar se designarán con las siglas:

a) OT.
b) MC.
c) FM.
d) PO.

12. Como mínimo, el servicio de Farmacotecnia deberá producir, con niveles adecuados de calidad:

a) Cápsulas gelatinosas rígidas.
b) Citostáticos.
c) Colirios.
d) Enemas.

13. Cuando se prescribe una fórmula magistral:

a) Se elabora directamente.
b) Se ponen en cuarentena los productos.
c) El farmacéutico responsable validará la fórmula.
d) Se le asignará una referencia que indicará el número de lote y la fecha de caducidad

14. La manipulación de citostáticos se debe realizar:

a) En cabinas de seguridad biológica de flujo laminar horizontal.
b) En cabinas de seguridad biológica de flujo laminar vertical.

c) En cabinas de seguridad biológica de flujo laminar alterno.
d) En cabinas de seguridad biológica de flujo laminar difuso.

15. De las siguientes recomendaciones en el caso de citotóxicos para administrar por vía intravenosa, ¿cuál es incorrecta?

a) Conectar el equipo de infusión adecuado a la solución intravenosa dentro de la cabina de flujo laminar.
b) Medir la densidad de la solución intravenosa.
c) Purgar el equipo con la solución intravenosa antes de añadir el medicamento.
d) Las jeringas y los equipos de infusión deben tener conexiones Luer-lock.

16. Las normas de higiene del personal del laboratorio incluyen las siguientes condiciones excepto una, indique cuál:

a) Prohibición de comer, fumar o mascar chicle.
b) Empleo de ropa específica en función de la fórmula magistral a preparar.
c) Separación temporal de la preparación de personas afectadas por lesiones en la piel o afecciones que impliquen algún riesgo.
d) Protección especial (mascarilla y guantes, si fuera adecuado su uso) para los rayos ultravioletas.

17. ¿Qué documentos reglamentarios deben encontrarse en el Área de Servicio de Farmacia?

a) La Real Farmacopea Española y el Formulario Nacional.
b) El Registro de Dispensaciones de Fórmulas Magistrales y la Real Farmacopea Española.
c) El Vademécum y el Formulario Nacional.
d) El Catálogo de Especialidades y el Vademécum.

18. Un hospital puede utilizar fórmulas que no estén recogidas en el Formulario Nacional siempre que:

a) Sean utilizadas para uso individualizado de un paciente concreto.
b) No, los hospitales no pueden utilizar fórmulas que no estén en el Formulario Nacional.
c) Sean aprobadas por Comisión de Farmacia y Terapéutica.
d) Sean publicadas en el Vademécum en próximas ediciones.

19. ¿Qué característica fundamental define a las formas farmacéuticas parenterales?

a) Están identificadas de manera individualizada por paciente.
b) Son suspensiones.
c) Son estériles.
d) Son emulsiones.

20. Indica la respuesta incorrecta. Según el RD 175/2001 referente al área de trabajo, se contará con:

a) Fregadero con agua fría y caliente.
b) Frigorífico con termómetro con temperatura máxima y mínima.
c) Congelador para productos que requieran temperaturas por debajo de los 0 ºC.
d) Soporte horizontal que evite las vibraciones.

En MADTEST tienes **más preguntas de este tema**, y todos tus avances quedan registrados y se reflejan en el ranking.

¡Supera tus límites con MADTEST!

Solución al test n.º 6

1. a) Preparación de fórmulas que están disponibles en el comercio.

2. c) El Técnico de Farmacia tiene la responsabilidad sobre las preparaciones que se realizan en el servicio farmacéutico.

3. b) El Técnico de Farmacia.

4. b) Elaborará las fórmulas tipificadas, preparados oficinales y preparaciones estériles.

5. a) Las materias primas utilizadas en la preparación de fórmulas magistrales y preparados oficinales deben ser sustancias de acción e indicación reconocidas legalmente en España.

6. d) Un coadyuvante de segunda entrada en 2011.

7. c) Debe estar aislada del resto del servicio de farmacia.

8. d) Colinérginas.

9. d) Número de control de estocaje.

10. a) Agitador mecánico de velocidad regulable.

11. a) OT.

12. a) Cápsulas gelatinosas rígidas.

13. c) El farmacéutico responsable validará la fórmula.

14. b) En cabinas de seguridad biológica de flujo laminar vertical.

15. b) Medir la densidad de la solución intravenosa.

16. d) Protección especial (mascarilla y guantes, si fuera adecuado su uso) para los rayos ultravioletas.

17. a) La Real Farmacopea Española y el Formulario Nacional.

18. c) Sean aprobadas por Comisión de Farmacia y Terapéutica.

19. c) Son estériles.

20. c) Congelador para productos que requieran temperaturas por debajo de los 0 ºC.

TEST N.º 7

Acondicionamiento de los medicamentos: conceptos generales. Material de acondicionamiento. Siglas y símbolos del acondicionamiento. Control de calidad del material de acondicionamiento. Legislación sobre material de acondicionamiento

1. El material de acondicionamiento (señala la incorrecta):

a) Es cualquier material autorizado debidamente que se emplea en el acondicionamiento de medicamentos.

b) Es cualquier material autorizado debidamente que se emplea en el acondicionamiento de medicamentos incluido el embalaje utilizado para su transporte.

c) Tiene como función la protección frente a agentes externos.

d) Es cualquier material autorizado debidamente que se emplea en el acondicionamiento de medicamentos, excluido el embalaje utilizado para envío.

2. Señala cuál no es un requisito del acondicionamiento primario:

a) Tener resistencia mecánica.

b) Asegurar la identidad, la estabilidad, la potencia y la calidad del preparado.

c) No interaccionar de ninguna forma con el medicamento, ni cediendo componentes ni modificando las características del mismo.

d) No se ha de producir ni absorción ni adsorción del preparado sobre el mismo.

3. El envase o cualquier forma de acondicionamiento que se encuentra en contacto directo con el medicamento se llama:

a) Acondicionamiento secundario.

b) Etiquetado.

c) Prospecto.

d) Acondicionamiento primario.

4. Un recipiente o envase que contiene cantidad suficiente de producto para dos o más dosis es denominado:

a) Recipiente unidosis.

b) Recipiente multidosis.

c) Vial.
d) Blíster.

5. Un blíster es:

a) Acondicionamiento primario.
b) Embalaje.
c) Acondicionamiento secundario.
d) Material protector.

6. Los recipientes de capacidad variable, elaborados con vidrio, cuyo cerrado se realiza con un tapón de material elastomérico y sellado por una cápsula de aluminio o aluminio plástico se denominan:

a) Ampollas.
b) Vial.
c) Blíster.
d) Jeringa precargadas.

7. ¿Cómo se denomina el recipiente de pequeño volumen, elaborado con vidrio, donde el cerrado se efectúa después del llenado mediante difusión?

a) Ampolla.
b) Vial.
c) Blíster.
d) Cartucho.

8. Los comprimidos, grageas o cápsulas se acondicionan en envases de tipo:

a) Lamina.
b) Sellado.
c) Blíster.
d) Sobre.

9. Respecto al vidrio utilizado en farmacia, señala cuál es una ventaja de utilización:

a) Inercia química.
b) No presenta migraciones.
c) Es totalmente reciclable.
d) Todas son correctas.

10. No es un inconveniente de utilizar el vidrio como acondicionamiento primario:

a) Gran fragilidad.
b) Es caro.
c) Elevada resistencia hidrolítica.
d) Se agrieta con facilidad.

11. Señala cuál No es un requisito que debe cumplir el vidrio:

a) Capacidad de aislar la preparación farmacéutica que contiene en su interior agentes externos como el aire, la humedad o las radiaciones luminosas.

b) Elevada resistencia hidrolítica en un amplio intervalo de temperatura.

c) Heterogéneo y con propiedades de fusión adecuadas que le permitan evitar roturas a causa de tensiones superficiales.

d) Elevada resistencia mecánica, para soportar pequeños golpes que pueda sufrir durante su manipulación.

12. Es una ventaja de la utilización del plástico:

a) Gran versatilidad, lo que permite transformarlos obteniendo gran variedad de recipientes.

b) Pueden ser muy flexibles o muy rígidos.

c) Bajo peso molecular.

d) Todas son correctas

13. ¿Qué inconveniente presenta el plástico como acondicionamiento primario?

a) Permeabilidad a gases y vapores que aumentan de manera directamente proporcional con la temperatura.

b) Presenta fenómenos de adsorción y adsorción de sustancias.

c) Cede sustancias propias con facilidad.

d) Todas son correctas.

14. ¿Qué material es termoplástico, blanquecino y de transparente a translúcido, y frecuentemente fabricado en finas láminas transparentes?

a) Polipropileno.

b) Polietileno.

c) Cloruro de polivinilo.

d) Poliestireno.

15. ¿Cómo se denomina al plástico muy duro y resistente, que es opaco y con gran resistencia al calor pues se ablanda a una temperatura más elevada de los 150 ºC?

a) Polipropileno.

b) Polietileno.

c) Cloruro de polivinilo.

d) Poliestirenol.

16. ¿Qué material plástico deriva del petróleo y entre sus características destacan su excelente estética, brillo y transparencia, gran resistencia mecánica a la compresión y a las caídas, buenas propiedades barrera y de compatibilidad farmacológica y perfecta estanqueidad de aromas?

a) Polipropileno.

b) Polietileno.

c) Polietilentereftalato.
d) Poliestirenol.

17. ¿Qué material de acondicionamiento se emplea como constituyentes de cierres para la obturación de envases de uso farmacéutico?

a) Policarbonato.
b) Elastómeros.
c) Reforzadores mecánicos.
d) Poliamidas.

18. ¿Qué material se emplea para la fabricación de objetos de aplicación médico-farmacéutica, por sus buenas cualidades de resistencia mecánica, transparencia, facultad de esterilización térmica?

a) Teflón.
b) Poliamidas.
c) Policarbonato.
d) PTEE.

19. ¿Qué tipo de aditivos se añaden a los elastoméros para facilitar su producción o modificar sus características?

a) Aceleradores.
b) Activadores.
c) Antioxidantes.
d) Cualquiera de ellos se pueden añadir.

20. ¿Qué tipo de metales se emplean para la fabricación de envases de medicamentos?

a) Aluminio.
b) Plomo.
c) Estaño.
d) Todas son correctas.

En MADTEST tienes **más preguntas de este tema,** y todos tus avances quedan registrados y se reflejan en el ranking.

¡Supera tus límites con MADTEST!

Solución al test n.º 7

1. b) Es cualquier material autorizado debidamente que se emplea en el acondicionamiento de medicamentos incluido el embalaje utilizado para su transporte.

2. a) Tener resistencia mecánica.

3. d) Acondicionamiento primario.

4. b) Recipiente multidosis.

5. a) Acondicionamiento primario.

6. b) Viales.

7. a) Ampolla.

8. c) Blíster.

9. d) Todas son correctas.

10. c) Elevada resistencia hidrolítica.

11. c) Heterogéneo y con propiedades de fusión adecuadas que le permitan evitar roturas a causa de tensiones superficiales.

12. d) Todas son correctas.

13. d) Todas son correctas.

14. b) Polietileno.

15. a) Polipropileno.

16. c) Polietilentereftalato.

17. b) Elastómeros.

18. b) Poliamidas.

19. d) Cualquiera de ellos se pueden añadir.

20. d) Todas son correctas.

TEST N.º 8

Farmacodinamia y farmacocinética: acción farmacológica de los medicamentos. Clasificación. Factores que modifican la acción farmacológica. Concepto de farmacocinética. Liberación. Absorción. Distribución. Metabolización. Excreción o eliminación

1. ¿Cuál es la definición más precisa de fármaco según la farmacología general?

a) Toda sustancia química capaz de producir un efecto tóxico en el organismo.
b) Sustancia química que introducida en el organismo produce efectos positivos o negativos para la salud.
c) Cualquier sustancia destinada a prevenir, diagnosticar o tratar la enfermedad.
d) Producto elaborado con excipientes y principios activos que se comercializa en farmacias.

2. La farmacodinámica estudia principalmente:

a) La forma de presentación y composición físico-química de un medicamento.
b) Los mecanismos de acción y efectos de los fármacos en el organismo.
c) El proceso de absorción, distribución, metabolismo y eliminación de un fármaco.
d) El diseño y control de calidad de los medicamentos elaborados en laboratorio.

3. ¿Qué proceso forma parte de la farmacocinética y no de la farmacodinámica?

a) Liberación del principio activo.
b) Interacción con receptores celulares.
c) Producción de efectos adversos.
d) Respuesta farmacológica final.

4. ¿Cuál de los siguientes tipos de tratamiento farmacoterapéutico busca combatir directamente la causa de la enfermedad?

a) Sintomático.
b) Etiológico.
c) Supresivo.
d) Profiláctico.

5. Dentro del sistema LADMER, la fase de liberación consiste en:

a) El paso del fármaco desde la sangre hasta los tejidos diana, quedando disponible para su absorción.
b) El proceso de metabolización hepática del fármaco.
c) El paso del principio activo desde la forma farmacéutica hasta quedar disponible para su absorción.
d) La eliminación del fármaco al exterior por orina, heces o sudor.

6.¿Cuál es el proceso por el cual el principio activo atraviesa las membranas biológicas hasta llegar al torrente sanguíneo?

a) Distribución.
b) Absorción.
c) Liberación.
d) Excreción.

7. La velocidad de absorción de un fármaco condiciona directamente:

a) El tipo de metabolito generado en el hígado y su toxicidad.
b) El periodo de latencia hasta la aparición del efecto.
c) La potencia del efecto farmacológico.
d) El tipo de excreción que seguirá el fármaco.

8. ¿Cuál de las siguientes formas farmacéuticas no necesita liberación porque el principio activo ya está disuelto?

a) Gragea.
b) Cápsula.
c) Jarabe.
d) Comprimido.

9. La barrera hematoencefálica es un ejemplo de:

a) Una fase del metabolismo enzimático.
b) Un proceso de distribución especial.
c) Una vía de excreción alternativa.
d) Un mecanismo de liberación retardada.

10. La metabolización o biotransformación de los fármacos tiene como finalidad principal:

a) Aumentar su concentración plasmática.
b) Transformar los medicamentos en metabolitos más fáciles de eliminar.

c) Favorecer la absorción a través de membranas lipídicas.
d) Incrementar la potencia del fármaco administrado.

11. ¿Qué mecanismo de transporte permite el paso de moléculas grandes a través de la membrana celular?

a) Difusión simple.
b) Difusión facilitada.
c) Pinocitosis y exocitosis.
d) Transporte activo.

12. La filtración a través de hendiduras intercelulares depende principalmente de:

a) Liposolubilidad del fármaco y carga iónica.
b) Peso molecular, gradiente de concentración y presiones.
c) Grado de ionización del fármaco.
d) Presencia de proteínas transportadoras.

13. ¿Cómo atraviesan la membrana los fármacos liposolubles no ionizados?

a) Por transporte activo contra gradiente.
b) Por pinocitosis.
c) Por excreción facilitada.
d) Por difusión simple a favor de gradiente.

14. Un fármaco ácido en un medio ácido se encontrará principalmente:

a) Ionizado, con baja absorción.
b) No ionizado, con alta absorción.
c) En equilibrio entre ionizado y no ionizado.
d) Siempre hidrosoluble.

15. El primer paso hepático consiste en:

a) Metabolización parcial en el hígado tras la absorción gastrointestinal.
b) Eliminación del fármaco por orina antes de llegar a sangre.
c) Degradación del fármaco en el estómago por acción de enzimas.
d) Difusión facilitada del fármaco a través del intestino.

16. ¿Qué vías de administración evitan el primer paso hepático?

a) Oral y subcutánea.
b) Sublingual e intramuscular.
c) Intravenosa y oral.
d) Subcutánea y oral.

17. ¿Qué factor relacionado con el paciente puede disminuir la absorción de un fármaco administrado por vía oral?

a) Aumento del flujo sanguíneo intestinal.
b) Estado de ayuno.
c) Presencia de vómitos o diarrea.
d) Edad adulta.

18. El coeficiente de reparto mide:

a) La potencia farmacológica de un principio activo.
b) La relación entre la solubilidad en agua y en aceite de un fármaco.
c) La velocidad de difusión a través de membranas.
d) El grado de ionización de un fármaco.

19. ¿Qué tipo de transporte requiere consumo de energía y proteínas transportadoras?

a) Difusión pasiva.
b) Difusión facilitada.
c) Transporte activo.
d) Filtración.

20. ¿Qué ocurre si se administra ketoconazol junto con un antiácido gástrico?

a) Se reduce su absorción por aumento del pH gástrico.
b) Se acelera su absorción.
c) Se potencia su efecto terapéutico.
d) Se evita el primer paso hepático.

En MADTEST tienes **más preguntas de este tema**, y todos tus avances quedan registrados y se reflejan en el ranking.

¡Supera tus límites con MADTEST!

Solución al test n.º 8

1. c) Cualquier sustancia destinada a prevenir, diagnosticar o tratar la enfermedad.

2. b) Los mecanismos de acción y efectos de los fármacos en el organismo.

3. a) Liberación del principio activo.

4. b) Etiológico.

5. c) El paso del principio activo desde la forma farmacéutica hasta quedar disponible para su absorción.

6. b) Absorción.

7. b) El periodo de latencia hasta la aparición del efecto.

8. c) Jarabe.

9. b) Un proceso de distribución especial.

10. b) Transformar los medicamentos en metabolitos más fáciles de eliminar.

11. c) Pinocitosis y exocitosis.

12. b) Peso molecular, gradiente de concentración y presiones.

13. d) Por difusión simple a favor de gradiente.

14. b) No ionizado, con alta absorción.

15. a) Metabolización parcial en el hígado tras la absorción gastrointestinal.

16. b) Sublingual e intramuscular

17. c) Presencia de vómitos o diarrea.

18. b) La relación entre la solubilidad en agua y en aceite de un fármaco.

19. c) Transporte activo.

20. a) Se reduce su absorción por aumento del pH gástrico.

TEST N.º 9

Pautas de administración de medicamentos. Dosificación de los fármacos: tipos de dosis, relación dosis-efecto, factores que intervienen en la dosificación. Contraindicaciones. Interacciones farmacológicas. Reacciones adversas de los medicamentos. Tarjeta amarilla. Alertas farmacéuticas. Tipos: seguridad, calidad. Sistema SINASP

1. ¿Qué unidad de medida se utiliza habitualmente para expresar la dosis de los principios activos en formas farmacéuticas sólidas?

a) Mililitros.
b) Miligramos o microgramos.
c) Unidades internacionales exclusivamente.
d) Equivalentes químicos.

2. La dosis habitual de un medicamento está calculada para un adulto con un peso corporal de:

a) 50 kg.
b) 60 kg.
c) 70 kg.
d) 80 kg.

3. ¿Por qué motivo los niños suelen requerir dosis menores de medicamentos en comparación con adultos?

a) Por mayor absorción intestinal.
b) Por inmadurez de sistemas enzimáticos y función renal.
c) Porque poseen más tejido graso.
d) Porque su biodisponibilidad oral es siempre menor.

4. En ancianos, la dosificación de fármacos debe reducirse porque:

a) La eliminación renal y el metabolismo hepático suelen estar reducidos.
b) La absorción intestinal aumenta significativamente.

c) El volumen de distribución disminuye en todos los fármacos.

d) Tienen mayor biodisponibilidad por vía oral.

5. ¿Qué factor explica que las mujeres precisen dosis algo menores de barbitúricos en comparación con los hombres?

a) Menor superficie corporal.

b) Menor biodisponibilidad oral.

c) Mayor proporción de tejido adiposo y menor capacidad metabólica.

d) Mayor excreción renal.

6. ¿Qué término se utiliza para definir una reacción nociva producida por un medicamento administrado a dosis terapéuticas habituales?

a) Intoxicación.

b) Sobredosis.

c) Reacción adversa a medicamento (RAM).

d) Efecto colateral.

7. ¿Cuál de los siguientes ejemplos corresponde a un efecto colateral?

a) Hipoglucemia grave por insulina.

b) Sequedad de boca por anticolinérgicos.

c) Reacción anafiláctica por penicilina.

d) Estreñimiento por abuso de opiáceos.

8. ¿Qué característica diferencia las reacciones adversas tipo A (augmented) de las tipo B (bizarre)?

a) Las tipo A son imprevisibles y las tipo B previsibles.

b) Las tipo A son mortales y las tipo B leves.

c) Las tipo A se relacionan con la dosis y las tipo B no guardan relación dosis-respuesta.

d) Las tipo A dependen de la vía de administración y las tipo B no.

9. La idiosincrasia como reacción adversa tipo B se caracteriza por:

a) Aparecer solo en tratamientos prolongados.

b) Depender de una deficiencia enzimática o anomalía genética.

c) Estar asociada a dosis altas de fármaco.

d) Ser una reacción inmunológica mediada por anticuerpos.

10. ¿Qué tipo de reacción adversa corresponde al "efecto rebote" tras suspender un tratamiento?

a) Tipo C.

b) Tipo D.

c) Tipo E.
d) Tipo B.

11. ¿Qué se entiende por reacción adversa grave según la legislación?

a) Aquella que siempre provoca un efecto colateral leve.
b) La que requiere ajuste de dosis pero no hospitalización.
c) La que pone en peligro la vida, causa discapacidad o requiere hospitalización.
d) La que siempre depende de la dosis administrada.

12. ¿Qué diferencia principal presenta una reacción adversa inesperada frente a una prevista?

a) Se produce en todos los pacientes expuestos.
b) No aparece en la ficha técnica del medicamento.
c) Se relaciona con dosis altas exclusivamente.
d) Solo ocurre en tratamientos prolongados.

13. ¿Cuál de las siguientes opciones describe mejor una reacción adversa tipo C (continuous)?

a) Anafilaxia inmediata tras penicilina.
b) Efecto colateral previsible como la sequedad bucal.
c) Tolerancia o dependencia tras uso prolongado de un fármaco.
d) Reacción anómala por déficit enzimático.

14. ¿Qué tipo de RAM se asocia con aparición tardía y efectos a largo plazo, como carcinogénesis o teratogénesis?

a) Tipo A.
b) Tipo D.
c) Tipo E.
d) Tipo B.

15. ¿Qué ocurre en una reacción de hipersensibilidad tipo I?

a) Liberación inmediata de histamina mediada por IgE.
b) Anticuerpos IgG atacan células sanguíneas.
c) Formación de inmunocomplejos circulantes.
d) Respuesta mediada por linfocitos T retardada.

16. ¿Cuál de las siguientes RAM es típica de hipersensibilidad tipo II (citotóxica)?

a) Anafilaxia.
b) Agranulocitosis inducida por medicamentos.

c) Dermatitis por contacto.
d) Tolerancia a opioides.

17. ¿Qué tipo de hipersensibilidad está mediada por inmunocomplejos circulantes que se depositan en vasos?

a) Tipo I.
b) Tipo II.
c) Tipo III.
d) Tipo IV.

18. ¿Qué reacción adversa corresponde a una dermatitis de contacto por un fármaco tópico?

a) Hipersensibilidad tipo I.
b) Hipersensibilidad tipo II.
c) Hipersensibilidad tipo III.
d) Hipersensibilidad tipo IV.

19. ¿Qué diferencia fundamental existe entre una reacción alérgica y una pseudoalérgica (anafilactoide)?

a) La alérgica requiere sensibilización previa, la pseudoalérgica no.
b) La alérgica nunca implica histamina, la pseudoalérgica sí.
c) La pseudoalérgica es siempre mortal, la alérgica no.
d) La pseudoalérgica depende exclusivamente de la dosis.

20. ¿Cuál de las siguientes afirmaciones sobre las reacciones adversas dependientes de la dosis es correcta?

a) Se producen siempre por alergia.
b) Incluyen sobredosificación absoluta o relativa.
c) Nunca se relacionan con el estado fisiopatológico del paciente.
d) No afectan a la concentración plasmática del fármaco.

En MADTEST tienes **más preguntas de este tema**, y todos tus avances quedan registrados y se reflejan en el ranking.

¡Supera tus límites con MADTEST!

Solución al test n.º 9

1. b) Miligramos o microgramos.

2. c) 70 kg.

3. b) Por inmadurez de sistemas enzimáticos y función renal.

4. a) La eliminación renal y el metabolismo hepático suelen estar reducidos.

5. c) Mayor proporción de tejido adiposo y menor capacidad metabólica.

6. c) Reacción adversa a medicamento (RAM).

7. b) Sequedad de boca por anticolinérgicos.

8. c) Las tipo A se relacionan con la dosis y las tipo B no guardan relación dosis-respuesta.

9. b) Depender de una deficiencia enzimática o anomalía genética.

10. c) Tipo E.

11. c) La que pone en peligro la vida, causa discapacidad o requiere hospitalización.

12. b) No aparece en la ficha técnica del medicamento.

13. c) Tolerancia o dependencia tras uso prolongado de un fármaco.

14. b) Tipo D.

15. b) Liberación inmediata de histamina mediada por IgE.

16. b) Agranulocitosis inducida por medicamentos.

17. c) Tipo III.

18. d) Hipersensibilidad tipo IV.

19. a) La alérgica requiere sensibilización previa, la pseudoalérgica no.

20. b) Incluyen sobredosificación absoluta o relativa.

TEST N.º 10

Formas farmacéuticas y vías de administración de los medicamentos: conceptos generales. Vías de administración de medicamentos: oral, tópica, parenteral, respiratoria, rectal, vaginal, uretral, oftálmica y ótica. Formas farmacéuticas según la vía de administración

1. ¿Cómo se denomina el preparado que resulta de añadir excipientes al principio activo para hacerlo administrable?

a) Principio activo.
b) Forma farmacéutica.
c) Excipiente.
d) Fórmula magistral.

2. ¿Qué nombre recibe el medicamento preparado con composición y dosificación definida, inscrito en el registro oficial y acondicionado para su dispensación?

a) Fórmula magistral.
b) Forma oficinal.
c) Especialidad farmacéutica.
d) Preparado galénico.

3. ¿Cuál de los siguientes NO es un objetivo en el diseño de formas farmacéuticas?

a) Posibilitar la administración segura en la vía adecuada.
b) Dirigir el principio activo a su diana.
c) Favorecer la degradación rápida del fármaco en el organismo.
d) Garantizar la estabilidad del producto hasta su caducidad.

4. ¿Cómo se clasifican las formas farmacéuticas según la forma de liberación?

a) Sólidas, líquidas, semisólidas y gaseosas.
b) Internas y externas.
c) De liberación convencional y de liberación modificada.
d) De liberación rápida y de liberación enteérica.

5. ¿Qué caracteriza a las formas de liberación sostenida?

a) Liberan el principio activo inmediatamente.
b) Liberan de forma constante, reduciendo fluctuaciones plasmáticas.
c) Liberan tras un retraso inicial, cuando alcanzan la diana.
d) Liberan solo en el intestino grueso.

6. ¿En qué se diferencia la liberación prolongada de la sostenida?

a) La prolongada libera de forma constante, la sostenida de forma variable.
b) La prolongada libera primero rápido y luego más lentamente, pero no constante.
c) La prolongada no tiene fase inicial, la sostenida sí.
d) La prolongada libera primero lentamente y constantemente.

7. ¿Qué tipo de liberación se caracteriza por iniciar su acción tras un tiempo de espera programado?

a) Retardada.
b) Acelerada.
c) Prolongada.
d) Pulsátil.

8. ¿Cómo se define la liberación pulsátil?

a) Liberación inmediata al contacto con un líquido.
b) Liberación constante y sostenida en el tiempo.
c) Liberación secuencial en varias dosis con intervalos entre ellas.
d) Liberación única seguida de metabolización rápida.

9. ¿Cuál de las siguientes NO es una vía de administración mencionada en el texto?

a) Oral.
b) Intranasal.
c) Intraósea.
d) Vaginal.

10. ¿Qué ventaja general tienen las formas farmacéuticas líquidas frente a otras?

a) Menor absorción, pero facilidad de administración.
b) Mayor estabilidad frente al calor.
c) Facilidad de dosificación, administración y absorción.
d) Mayor vida media en el organismo.

11. ¿Qué característica obligatoria tienen las formas farmacéuticas de administración parenteral?

a) Deben contener conservantes antimicrobianos.
b) Deben ser estériles y libres de pirógenos.
c) Deben ser siempre emulsiones oleosas.
d) Deben presentarse únicamente en envases unidosis.

12. ¿Qué diferencia principal existe entre las preparaciones inyectables y las de perfusión?

a) Las inyectables siempre son oleosas y las perfusiones acuosas.
b) Las inyectables son de pequeño volumen y las perfusiones de grandes volúmenes intravenosos.
c) Las inyectables no necesitan ser estériles y las perfusiones sí.
d) Las inyectables solo contienen un principio activo y las perfusiones varios.

13. ¿Qué tipo de preparación tópica se aplica sobre el cuero cabelludo, genera espuma y requiere aclarado?

a) Loción.
b) Colutorio.
c) Champú.
d) Espuma cutánea.

14. ¿Qué diferencia existe entre loción y linimento?

a) La loción se aplica con fricción y el linimento sin fricción.
b) La loción se aplica sin fricción y el linimento con fricción sobre piel no lesionada.
c) La loción es oleosa y el linimento siempre acuoso.
d) No existe diferencia, son sinónimos.

15. ¿Qué forma farmacéutica líquida se aplica en mucosa orofaríngea para efecto local?

a) Colutorio.
b) Colirio.
c) Loción.
d) Enjuague bucal.

16. ¿Cuál de las siguientes afirmaciones sobre colirios es correcta?

a) No necesitan ser estériles.
b) Pueden ser disoluciones o suspensiones estériles.
c) Se administran siempre en envases unidosis de 1 ml.
d) Nunca pueden contener más de un principio activo.

17. ¿Qué tipo de preparado oftálmico se utiliza para lavar los ojos o impregnar vendajes oculares?

a) Colirio.
b) Gotas oftálmicas..
c) Baño ocular.
d) Lagrimas artificiales.

18. ¿Qué diferencia existe entre gotas nasales y aerosoles nasales?

a) Las gotas se administran solo unidosis y los aerosoles en multidosis.
b) Las gotas se aplican directamente, los aerosoles requieren dispositivo pulverizador o envase a presión.
c) Las gotas son emulsiones y los aerosoles suspensiones.
d) No existe diferencia relevante.

19. ¿Qué vía de administración utiliza disoluciones acuosas destinadas al lavado del conducto auditivo externo?

a) Vaginal.
b) Oftálmica.
c) Ótica.
d) Rectal.

20. ¿Qué forma farmacéutica rectal consiste en gas disperso en líquido, expandiéndose en contacto con la mucosa?

a) Enema.
b) Supositorio.
c) Espuma rectal.
d) Linimento rectal.

En MADTEST tienes **más preguntas de este tema**, y todos tus avances quedan registrados y se reflejan en el ranking.

¡Supera tus límites con MADTEST!

Solución al test n.º 10

1. b) Forma farmacéutica.

2. c) Especialidad farmacéutica.

3. c) Favorecer la degradación rápida del fármaco en el organismo.

4. c) De liberación convencional y de liberación modificada.

5. b) Liberan de forma constante, reduciendo fluctuaciones plasmáticas.

6. b) La prolongada libera primero rápido y luego más lentamente, pero no constante.

7. a) Retardada.

8. c) Liberación secuencial en varias dosis con intervalos entre ellas.

9. c) Intraósea.

10. c) Facilidad de dosificación, administración y absorción.

11. b) Deben ser estériles y libres de pirógenos.

12. b) Las inyectables son de pequeño volumen y las perfusiones de grandes volúmenes intravenosos.

13. c) Champú.

14. b) La loción se aplica sin fricción y el linimento con fricción sobre piel no lesionada.

15. a) Colutorio.

16. b) Pueden ser disoluciones o suspensiones estériles.

17. c) Baño ocular.

18. b) Las gotas se aplican directamente, los aerosoles requieren dispositivo pulverizador o envase a presión.

19. c) Ótica.

20. c) Espuma rectal.

TEST N.º 11

Farmacia hospitalaria: servicio de farmacia hospitalaria. Áreas o zonas que la integran. Sistemas de distribución intrahospitalaria de productos farmacéuticos y parafarmacéuticos: reposiciones de botiquines, sistemas de dispensación de medicamentos en dosis unitarias (SDMDU), sistemas de dispensación automatizada. Órdenes hospitalarias de dispensación. Dispensación de productos farmacéuticos y parafarmacéuticos a pacientes ambulatorios: normativa legal. Aplicaciones informáticas de distribución y dispensación de los productos farmacéuticos y parafarmacéuticos. Asistencia al farmacéutico en la gestión de medicamentos en ensayo clínico: normativa legal. Asistencia al farmacéutico en la atención al paciente ambulatorio, al paciente de hospitales de día

1. ¿Cuál es la sección encargada de evaluar los fármacos terapéuticamente más eficaces y seguros para el paciente, teniendo en cuenta también una adecuada calidad y coste?

a) La sección de farmacia clínica.
b) La sección de dispensación.
c) La sección de elaboración.
d) La sección de farmacotécnia.

2. La atención farmacéutica en los centros hospitalarios se prestará:

a) A través de Servicios de Farmacia Hospitalaria.
b) A través de almacén farmacéutico.
c) Exclusivamente por el depósito de medicamentos de las plantas hospitalarias.
d) Todas son ciertas.

3. El Área Asistencial se subdivide en las siguientes secciones:

a) De control, de elaboración y de prueba.
b) De dispensación, de control y de farmacotecnia.

c) De farmacotécnia, de recepción y de entrega.
d) De dispensación, de elaboración o farmacotecnia, y de farmacia clínica.

4. ¿En qué sección se preparan las fórmulas magistrales y normalizadas, mezclas parenterales, citostáticos, nutrición parenteral y enteral?

a) En la sección de farmacia clínica.
b) En la sección de laboratorio.
c) En la sección de farmacotecnia.
d) En la sección de ensayos técnicos.

5. ¿Cuál es la sección encargada de la gestión de compras y almacén, de realizar estadísticas de consumo y de los costes, y del mantenimiento del sistema informático?

a) La sección de logística.
b) La sección técnica.
c) La sección administrativa.
d) La sección de oficina.

6. ¿En qué sección del Área Asistencial se envasan y etiquetan los productos, se reenvasan las formas orales y líquidas, se realizan los análisis y se ejerce el control sobre las materias primas o los productos elaborados?

a) En la sección de farmacia clínica.
b) En la sección de dispensación.
c) En la sección de farmacotecnia.
d) En la sección de experimentación.

7. El máximo responsable del SFH es:

a) El jefe de sección.
b) El jefe de servicio.
c) El farmacéutico adjunto.
d) El doctor en Farmacia Hospitalaria.

8. Señala la respuesta incorrecta. Los depósitos de medicamentos de los Hospitales tienen como función:

a) Garantizar la correcta conservación, custodia y dispensación de medicamentos y productos sanitarios para su aplicación dentro del centro.
b) Establecer un sistema eficaz y seguro de dispensación de medicamentos en el centro, con la implantación de medidas que contribuyan a garantizar su correcta administración.

c) Informar al personal sanitario del centro y a los propios pacientes en materia de medicamentos, así como realizar estudios sistemáticos sobre su utilización.

d) Llevar a cabo actividades educativas sobre cuestiones de su competencia dirigidas al personal sanitario del hospital y a los pacientes.

9. La sección encargada de la dispensación de medicamentos no tiene como objetivo:

a) Proporcionar al paciente los medicamentos que necesite, informándole y aconsejándoles sobre este.
b) Facilitar el seguimiento del tratamiento prescrito.
c) Elaboración de la fórmula magistral.
d) Garantizar una correcta administración de los medicamentos.

10. ¿En qué sección del SFH se envasan y se etiquetan los medicamentos?

a) Área de Dispensación.
b) Área de Farmacotecnia.
c) Área de Gestión.
d) Área de Farmacovigilancia.

11. Son factores que delimitan el SFH:

a) Tipo de hospital.
b) Localización geográfica.
c) Prestaciones farmacéuticas a desarrollar.
d) Todos son factores.

12. Los SFH:

a) Estarán situados lo más cerca posible a zonas de decarga.
b) Es aconsejable su ubicación en las plantas bajas con acceso directo a la calle y a zonas de descarga habilitadas en lo posible solo para el Servicio de Farmacia.
c) Si no es posible la ubicación a ras de superficie, y tanto si se encuentran situados en plantas altas o bajas, deben estar próximos a ascensores de carga usados en exclusividad para estas tareas.
d) Todas son correctas.

13. La zona del SFH donde se coloca la mercancía hasta su revisión, confirmación y colocación, es la denominada zona de:

a) Dispensación.
b) Almacenamiento.
c) Recepción.
d) Descarga de mercancías.

14. Para poder realizar las funciones de dispensación ambulatoria, el SFH debe contar con:

a) Una zona dentro del Servicio de Farmacia cercana a la salida del mismo, con acceso directo y rápido desde la calle.
b) Una habitación con una mesa de trabajo y sillas: en ella el farmacéutico realiza el acto de la dispensación y la información de medicamentos.
c) Una antesala: con sillas donde los pacientes puedan esperar su turno.
d) Con todo lo anterior se debe contar.

15. La dispensación de medicación a los pacientes ingresados se realiza a través de:

a) *Stock* de planta.
b) Sistemas de dosis día individualizada.
c) Desde el almacén de medicamentos.
d) Las respuestas a) y b) son correctas.

16. Los SFH deberán implementar, para todos los pacientes hospitalizados, el Sistema de Distribución de Medicamentos en Dosis Unitaria; este sistema debe tener:

a) Envases unitarios.
b) Cantidad disponible para 48 horas.
c) Actualizado el perfil farmacocinetico de los pacientes.
d) Todas son correctas.

17. No es una condición del procedimiento de reenvasado del Sistema de distribución de Medicamentos en Dosis Unitaria:

a) Verificación de las condiciones organolépticas del medicamento a reenvasar.
b) Compresión del procedimiento de reenvasado por parte del personal que intervenga.
c) No se deben fraccionar los blísteres.
d) Sellado del empaque y etiquetado.

18. La Zona administrativa del SFH se ubicará:

a) Próxima a la calle.
b) Próxima a la zona de dispensación.
c) Próxima al área de farmacotecnia.
d) Próxima al almacén de medicamentos.

19. El área de farmacotecnia:

a) Es el área de dispensación de medicamentos de los pacientes ingresados.
b) Es el área de elaboración de fórmulas farmacéuticas que no se realizan en la industria farmacéutica.

c) Es un área estéril.
d) Todas son correctas.

20. Señala la respuesta correcta con respecto a la dispensación de medicamento en los servicios de farmacia hospitalaria:

a) Solamente se dispensan medicamentos para pacientes ingresados en el hospital.
b) Además de la dispensación intrahospitalaria también se realiza la extrahospitalaria.
c) No se dispensan fórmulas magistrales ni preparados oficinales.
d) La dispensación se realiza en horario restringido de mañana.

En MADTEST tienes **más preguntas de este tema**, y todos tus avances quedan registrados y se reflejan en el ranking.

¡Supera tus límites con MADTEST!

Solución al test n.º 11

1. 1. a) La sección de farmacia clínica.

2. a) A través de Servicios de Farmacia Hospitalaria.

3. d) De dispensación, de elaboración o farmacotecnia, y de farmacia clínica.

4. c) En la sección de farmacotecnia.

5. c) La sección administrativa.

6. c) En la sección de farmacotecnia.

7. b) El jefe de servicio.

8. d) Llevar a cabo actividades educativas sobre cuestiones de su competencia dirigidas al personal sanitario del hospital y a los pacientes.

9. c) Elaboración de la fórmula magistral.

10. b) Área de Farmacotecnia.

11. d) Todos son factores.

12. d) Todas son correctas.

13. c) Recepción.

14. d) Con todo lo anterior se debe contar.

15. d) Las respuestas a) y b) son correctas.

16. a) Envases unitarios.

17. c) No se deben fraccionar los blísteres.

18. b) Próxima a la zona de dispensación.

19. b) Es el área de elaboración de fórmulas farmacéuticas que no se realizan en la industria farmacéutica.

20. b) Además de la dispensación intrahospitalaria también se realiza la extrahospitalaria.

TEST N.º 12

Sistemas de almacenaje y condiciones de conservación de productos farmacéuticos y parafarmacéuticos según sus características. Códigos farmacéuticos identificativos de los productos farmacéuticos y parafarmacéuticos. Ordenación de los productos. Gestión de existencias. Control de caducidades. Procedimiento de devolución de productos caducados conforme a la normativa. Retirada de productos por alerta sanitaria. Eliminación de los productos según el sistema integral establecido. Aplicaciones informáticas de gestión y control de almacén

1. Entendemos como almacén:

a) El espacio de un laboratorio farmacéutico o de un distribuidor en el que se guardan los medicamentos producidos.
b) El lugar en el que los establecimientos de farmacia guardan los productos que han adquirido y que no tienen previsto vender de forma inmediata.
c) El conjunto de productos e instrumentos de un establecimiento de farmacia.
d) Todas son correctas.

2. Señala el enunciado correcto en relación con el funcionamiento del almacén sanitario:

a) Solicitar el reabastecimiento.
b) Recepción y registro de los materiales suministrados.
c) Rechazo del material que no satisfaga los requisitos del pedido.
d) Todos son enunciados correctos.

3. Indica la respuesta correcta con relación a la reposición automática de los productos dispensados por el sistema de gestión de pedidos:

a) Coincide con el número máximo de unidades existentes.
b) Indica las existencias generales en almacén.
c) Propone órdenes de pedidos de los productos que han superado un límite mínimo de unidades establecidas previamente.
d) Informa sobre el margen de existencias utilizables.

4. Señala qué dato no figura en un albarán:

a) Datos del proveedor.
b) Ficha de almacén.
c) Datos del cliente.
d) Fecha de envío.

5. Son productos de reposición diaria aquellos que:

a) Quedan por debajo del *stock* mínimo o están predefinidos como artículos de reposición diaria.
b) Tienen un gran consumo todo el año.
c) Se dispensan en dosis unitarias.
d) Ninguna es correcta.

6. Según el principio de Pareto, los productos de mayor valor económico se clasifican dentro del grupo:

a) A.
b) B.
c) C.
d) D.

7. Señala el enunciado correcto en relación con el Método de Pareto:

a) Clasifica los *stocks* según el valor del producto.
b) Se denomina también método ABC.
c) Clasifica los *stocks* según el uso del producto.
d) Las respuestas a) y b) son correctas.

8. ¿Cómo se denomina al material que se consume con el uso y en general tiene un periodo corto de vida?

a) Inventariable.
b) Perecedero.
c) Fungible.
d) Activo.

9. ¿Cuál es la precaución que se debe tomar al utilizar un medicamento fotosensible?

a) Debe protegerse de la luz.
b) Debe protegerse del sol.
c) Debe protegerse de los rayos ultravioletas.
d) Debe protegerse de la luz y el calor.

10. Se denomina producto higroscópico:

a) Al que se altera por acción del agua.
b) Al que se altera si no tiene agua.

c) Al que se altera por acción de la luz directa.

d) Al que se altera por el calor.

11. El conjunto de artículos y materiales que posee un centro asistencial en espera de su utilización posterior en las diferentes secciones o unidades de la misma se denomina:

a) Artículos.

b) Almacenamiento.

c) Productos.

d) *Stock*.

12. Las técnicas más comunes de recepción de pedidos son:

a) Abastecimiento a demanda y reposición.

b) Reposición diaria y masiva.

c) Reposición diaria y automática.

d) Registro y control.

13. Una vez emitida la orden de pedido, el proveedor prepara el suministro de los productos solicitados junto a la documentación correspondiente. El documento que acompaña a los productos entregados se denomina:

a) Factura.

b) Nota de abono.

c) Albarán.

d) Registro.

14. El albarán es:

a) El documento por el que la Oficina de Farmacia solicita el suministro de determinados productos a un proveedor.

b) El documento que acompaña al pedido en el momento de su entrega al comprador.

c) Es un documento mercantil que recoge toda la información de una operación de compraventa.

d) Es un documento en el que se registran las devoluciones realizadas.

15. Señala cuál es un artículo de reposición diaria en un SFH:

a) Productos termolábiles.

b) Productos estupefacientes.

c) Vacunas individualizadas.

d) Todas son correctas.

16. Se entiende por stock:

a) Aquellos bienes o productos que están destinados a ser vendidos o dispensados mediante la actividad principal de la empresa.

b) Al almacenamiento de productos para atender la demanda extraordinaria del hospital.

c) Al almacenamiento que permite atender la demanda con la mayor rentabilidad del capital invertido.

d) Aquellos productos y recursos materiales que no se están utilizando en el momento determinado.

17. El stock formado por todos los productos expuestos al público en las oficinas de farmacia se denomina:

a) Stock mínimo.
b) Stock vivo.
c) Stock óptimo.
d) Stock ciego.

18. ¿Cómo se denomina al stock que permite cubrir la demanda con la mínima inversión y el mínimo almacenaje?

a) Stock vivo.
b) Stock ciego.
c) Stock óptimo.
d) Stock total.

19. En relación con el coeficiente de rotación de un stock, señala lo correcto:

a) Es el número de veces que se ha utilizado el stock en un periodo de tiempo determinado, generalmente un año.
b) Se considera que el stock es óptimo cuando tiene un coeficiente de rotación de entre 6 y 8.
c) La rotación de producto es alta cuando se venden y reponen en muchas unidades.
d) Todas son correctas.

20. La previsión perfecta de un almacén tiene en cuenta:

a) El tiempo.
b) El número de unidades.
c) El stock máximo, minino y activo.
d) Todo lo anterior lo tiene en cuenta.

En MADTEST tienes **más preguntas de este tema**, y todos tus avances quedan registrados y se reflejan en el ranking.

¡Supera tus límites con MADTEST!

Solución al test n.º 12

1. d) Todas son correctas.

2. d) Todos son enunciados correctos.

3. c) Propone órdenes de pedidos de los productos que han superado un límite mínimo de unidades establecidas previamente.

4. b) Ficha de almacén.

5. a) Quedan por debajo del stock mínimo o están predefinidos como artículos de reposición diaria.

6. a) A.

7. d) Las respuestas a) y b) son correctas.

8. c) Fungible.

9. a) Debe protegerse de la luz.

10. a) Al que se altera por acción del agua.

11. b) Almacenamiento.

12. b) Reposición diaria y masiva.

13. c) Albarán.

14. b) El documento que acompaña al pedido en el momento de su entrega al comprador.

15. d) Todas son correctas.

16. a) Aquellos bienes o productos que están destinados a ser vendidos o dispensados mediante la actividad principal de la empresa.

17. b) Stock vivo.

18. c) Stock óptimo.

19. d) Todas son correctas.

20. d) Todo lo anterior lo tiene en cuenta.

TEST N.º 13

Laboratorio farmacéutico: conceptos generales. Material de uso frecuente. Equipos de laboratorio. Puesta a punto y mantenimiento de los equipamientos y de los materiales. Procedimientos de limpieza, desinfección, conservación y esterilización del material y equipos. Control de calidad de material y equipos

1. Toda persona física o jurídica que se dedique a la fabricación de especialidades farmacéuticas o cualquiera de los procesos se define como:

a) Distribuidor farmacéutico.
b) Laboratorio farmacéutico.
c) Farmacéutico.
d) Almacén farmacéutico.

2. ¿Qué legislación dispone cuáles son los requisitos que debe cumplir un solicitante para conseguir la autorización del laboratorio farmacéutico?

a) Decreto 150/2005, de 9 de marzo.
b) Real Decreto Legislativo 1/2015, de 24 de julio.
c) Real Decreto 175/2001, de 23 de febrero.
d) Ley 75/1997, de 15 de agosto.

3. Uno de los siguientes es un requisito que debe cumplir un solicitante para conseguir la autorización del laboratorio farmacéutico:

a) Detallar las formas farmacéuticas que pretenda fabricar, así como el lugar, establecimiento o laboratorio de fabricación y control.
b) Disponer de locales, equipo técnico y de controles adecuados y suficientes para una correcta fabricación, control y conservación que responda a las exigencias legales.
c) Disponer de un Director Técnico.
d) Todas son correctas.

4. El laboratorio galénico consta de:

a) Superficie lisa e impermeable, de fácil limpieza y desinfección.
b) Pila de agua potable, caliente y fría.
c) Zona diferenciada de material sucio y limpio.
d) Consta de todo lo anterior.

5. En todo laboratorio galénico es recomendable disponer de un utillaje mínimo. Señala la respuesta falsa:

a) Aparatos de medida de volumen de 0,5 a 500 ml.
b) Morteros de vidrio y porcelana.
c) Balanzas que determinen el peso de 1 g a 1 kg.
d) Sistemas de baño maría.

6. En el caso de que el laboratorio galénico elabore cápsulas dispondrá de:

a) Mezcladora.
b) Máquina de comprimir.
c) Capsuladora.
d) Todo lo anterior es correcto.

7. Si se preparan comprimidos y grageas será obligatorio poseer:

a) Bomba de grageado.
b) Mezcladora.
c) Material para su adecuado control de calidad.
d) Todo lo anterior.

8. Si el laboratorio galénico elabora preparados estériles como colirio o inyectables, no deberá disponer de:

a) Mezcladora.
b) Agua apirógena para inyección.
c) Autoclave.
d) Dardo calorífico para cerrar ampollas y pinza capsuladora para cerrar viales.

9. ¿Qué requisitos debe cumplir el material de vidrio del laboratorio?

a) Ser resistente mecánicamente frente a los ácidos y álcalis.
b) Ser resistente térmicamente.
c) Ser fabricados con vidrio carbonatado.
d) Todas son correctas.

10. El material de plástico del laboratorio presenta como principal característica:

a) Ser inerte y resistente a la temperatura.
b) Ser material de soporte.
c) Ser económico y desechable.
d) Ser resistente a elevadas temperaturas y resistente químicamente.

11. Señala qué precaución NO tomarás a la hora de trabajar con vidrio en el laboratorio:

a) No someterlo a cambios bruscos de temperatura.
b) No someterlo a cambios bruscos de presión.
c) No dejar soluciones concentradas de ácidos en vidrio de borosilicato.
d) No aplicar fuerza sobre tapones.

12. ¿Qué material de los citados a continuación utilizará el técnico/a para filtraciones al vacío con bomba de succión?

a) Bureta.
b) Matraz aforado.
c) Matraz Kitasato.
d) Vaso de precipitado.

13. Son ventajas del material de plástico frente al vidrio:

a) Alto peso molecular.
b) Resistencia frente a la rotura.
c) Que todos son termorresistentes.
d) Que son termosensibles.

14. Señala cuál es una ventaja del plástico frente al vidrio:

a) Que es más caro.
b) Que previene de contaminaciones cruzadas.
c) Que no resiste a las altas temperaturas.
d) Que presenta interacción con los compuestos químicos.

15. Señala qué desventaja posee el plástico frente al vidrio:

a) No soporta temperaturas altas sin deformarse.
b) Presenta mucha absorción y desorción.
c) Presenta interacción con los compuestos químicos.
d) Todas son desventajas.

16. ¿Qué material es el más recomendado y utilizará el Técnico/a de laboratorio para análisis gravimétrico?

a) Vidrio.
b) Plástico.
c) Porcelana.
d) Metal.

17. Señala cuál de los siguientes materiales está diseñado en porcelana:

a) Crisol.
b) Pinza de Mohr.
c) Kitasato.
d) Erlenmeyer.

18. Las Pinzas de Mohr, ¿para qué se utilizan?

a) Para sujetar vasos.
b) Para cerrar conexiones de goma.
c) Para colocar crisoles.
d) Para todo lo anterior.

19. Señala cuál de los siguientes es un material NO volumétrico:

a) Vaso de precipitado.
b) Probeta.
c) Buretas.
d) Pipetas automáticas.

20. Todo el material volumétrico del laboratorio debe estar calibrado, encontrándose material volumétrico con distinto tipo de calibración. Señala la afirmación correcta en relación con los "instrumentos calibrados para contener":

a) En este material la cantidad de líquido vertido corresponde exactamente al volumen indicado, ya que la cantidad de líquido que permanece adherido a la pared del vidrio, debido a la humectación, se ha tenido en cuenta al realizar la calibración.
b) En este material la cantidad de líquido vertido se encuentra reducida en la cantidad de líquido que permanece adherida a la pared del vidrio.
c) Suelen llevar el indicador "TD"
d) Este tipo de material suele ser pipetas y buretas.

En MADTEST tienes **más preguntas de este tema**, y todos tus avances quedan registrados y se reflejan en el ranking.

¡Supera tus límites con MADTEST!

Solución al test n.º 13

1. b) Laboratorio farmacéutico.

2. b) Real Decreto Legislativo 1/2015, de 24 de julio.

3. d) Todas son correctas.

4. d) Consta de todo lo anterior.

5. c) Balanzas que determinen el peso de 1 g a 1 kg.

6. c) Capsuladora.

7. d) Todo lo anterior.

8. a) Mezcladora.

9. b) Ser estables térmicamente.

10. c) Ser económico y desechable.

11. c) No dejar soluciones concentradas de ácidos en vidrio de borosilicato.

12. c) Matraz Kitasato.

13. b) Resistencia frente a la rotura.

14. b) Que previene de contaminaciones cruzadas.

15. d) Todas son desventajas.

16. c) Porcelana.

17. a) Crisol.

18. b) Para cerrar conexiones de goma.

19. a) Vaso de precipitado.

20. b) En este material la cantidad de líquido vertido se encuentra reducida en la cantidad de líquido que permanece adherida a la pared del vidrio.

Operaciones farmacéuticas básicas: Conceptos generales. Pesada con balanzas electrónicas de precisión. División de sólidos. Tamizado. Homogeneización de componentes. Extracción mediante disolventes. Destilación. Evaporación. Pulverización. Tamización. Mezcla. Desecación. Liofilización. Filtración. Granulación. Esterilización. Sistemas dispersos homogéneos: disoluciones. Sistemas dispersos heterogéneos: emulsiones, suspensiones y aerosoles

1. ¿Cómo se denomina el proceso por el cual un líquido es transformado en vapor mediante variaciones de temperatura y/o presión?

a) Destilación.
b) Pulverización.
c) Evaporación.
d) Extracción.

2. Una de las siguientes no es una operación de naturaleza física:

a) Secado.
b) Fusión.
c) Filtración.
d) Solidificación.

3. La destilación es el proceso por el cual:

a) Se transforma un líquido en vapor para después condensar este y recoger la forma líquida.
b) Es simplemente el paso de líquido a vapor.
c) Es simplemente el paso de sólido a líquido.
d) Ninguna es cierta.

4. Para que un agua destilada no pierda sus propiedades organolépticas, las plantas se conservarán en:

a) Frasco de tapón esmerilado.
b) Frasco estéril.

c) Se colocará en sitio fresco y oscuro.
d) Todas son correctas.

5. Las aguas que emergen espontáneamente, y son útiles en el lugar donde emergen y conservan sus efectos después de ser envasadas se denominan:

a) Aguas bicarbonatadas.
b) Agua mineromedicinales.
c) Aguas minerales naturales.
d) Aguas de manantial.

6. El procedimiento más rápido, cómodo y limpio para separar un sólido en suspensión con un líquido es:

a) Decantación.
b) Filtración.
c) Centrifugación.
d) Ninguna de las anteriores.

7. ¿Cómo se denomina la operación que consiste en reducir a vapor una sustancia sólida, para después recoger estos vapores y volverlos a transformar en sustancia sólida de manera directa, es decir, sin pasar por el estado líquido?

a) Liofilización.
b) Fusión.
c) Sublimación.
d) Destilación.

8. ¿Qué operación previa realizaremos en la oficina de farmacia para eliminar la mayor parte de agua que existe en la sustancia medicamentosa?

a) Sublimación.
b) Mondación.
c) Desecación.
d) Liofilización.

9. Un emulgente anfótero:

a) Tiene carga negativa.
b) Tiene carga positiva.
c) Su carga depende del pH.
d) No presenta carga.

10. Un emulgente no iónico:

a) Tiene carga negativa.
b) Tiene carga positiva.

c) Su carga depende del pH.
d) No presenta carga.

11. Dentro de las operaciones de naturaleza física que se realizan en la preparación de las formas farmacéuticas no encontramos:

a) Evaporación.
b) Separación.
c) Destilación.
d) Fusión.

12. ¿Qué operación aplicada en farmacia sirve para separar de una solución la sustancia disuelta, o bien concentrar una solución eliminando parte de su disolvente?

a) Extracción.
b) Destilación.
c) Evaporación.
d) Diálisis.

13. Son sistemas de secado utilizados en la preparación de las formas farmacéuticas:

a) Secadores al aire libre.
b) Armarios o estufas de desecación.
c) Túneles de desecado.
d) Todos son sistemas de secado utilizados.

14. La destilación es una operación:

a) Que consiste en calentar un producto hasta que su tensión de vapor sobrepasa la presión atmosférica, con lo cual el líquido hervirá y los vapores se conducirán a un recinto de paredes frías para condensarse.
b) Es una técnica de separación de mezclas de líquidos.
c) Es una técnica de separación de líquidos con impurezas, para obtener líquidos de alto grado de pureza.
d) Todas son correctas.

15. Los aparatos destinados a destilar un líquido se denominan:

a) Sifones.
b) Alambiques.
c) Tamices.
d) Condensadores.

16. La Farmacopea Española define las aguas destiladas como:

a) Preparados medicinales obtenidos destilando en corriente de vapor de agua diversos materiales susceptibles de formar principios volátiles.
b) Preparados obtenidos primero dividiendo la droga y después macerándola antes de la destilación.

c) Aguas que se obtienen por destilación y que tienen una acción favorable fisiológicamente sin llegar a ser terapéuticas.

d) Aguas terapéuticas.

17. La temperatura de maceración es de:

a) 15º-35 ºC.
b) 35º-65 ºC.
c) 90º-100 ºC.
d) Más de 100 ºC.

18. La operación que consiste en mantener en contacto a temperatura ordinaria y durante un tiempo variable una cantidad determinada de la sustancia machacada se denomina:

a) Percolación.
b) Lixiviación.
c) Digestión.
d) Maceración.

19. La operación que consiste en mantener a una temperatura de 55 ºC y durante un tiempo variable una cantidad determinada de la sustancia machacada se denomina:

a) Percolación.
b) Lixiviación.
c) Infusión.
d) Digestión.

20. Si se pretende extraer la mayor parte de los principios solubles contenidos en las drogas animales o vegetales se empleará:

a) Percolación.
b) Maceración.
c) Infusión.
d) Digestión.

En MADTEST tienes **más preguntas de este tema**, y todos tus avances quedan registrados y se reflejan en el ranking.

¡Supera tus límites con MADTEST!

Solución al test n.º 14

1. c) Evaporación.

2. c) Filtración.

3. a) Se transforma un líquido en vapor para después condensar este y recoger la forma líquida.

4. d) Todas son correctas.

5. b) Agua mineromedicinales.

6. c) Centrifugación.

7. c) Sublimación.

8. c) Desecación.

9. c) Su carga depende del pH.

10. d) No presenta carga.

11. b) Separación.

12. c) Evaporación.

13. d) Todos son sistemas de secado utilizados.

14. d) Todas son correctas.

15. b) Alambiques.

16. a) Preparados medicinales obtenidos destilando en corriente de vapor de agua diversos materiales susceptibles de formar principios volátiles.

17. a) 15º-35 ºC.

18. d) Maceración.

19. d) Digestión.

20. a) Percolación

TEST N.º 15

Análisis clínicos. Muestras biológicas: tipos, obtención, conservación y manipulación. Preparación y conservación de las muestras. Material de laboratorio de análisis. Equipos e instrumentos básicos. Reactivos de uso más frecuente. Métodos analíticos básicos. Eliminación de residuos según la normativa ambiental

1. Uno de los siguientes es un exudado:

a) Líquido ascítico.
b) Orina.
c) Esputo.
d) Ninguno de los anteriores.

2. Para la recogida de exudados y secreciones utilizamos:

a) Jeringa.
b) Hisopo estéril.
c) Caja petri estéril.
d) Frasco de hemocultivo.

3. ¿Qué anticoagulante presenta un tubo con tapón verde?

a) EDTA.
b) Citrato.
c) Heparina.
d) Oxalato.

4. Son valores normales de plaquetas:

a) 5000 a 10000.
b) 10000 a 20000.
c) 10000 a 400000.
d) Más de 400000.

5. La relación existente entre el volumen ocupado por los hematíes y el volumen ocupado por la sangre total, expresado en porcentaje, se denomina:

a) Hemoglobina.
b) Hematocrito.
c) Volumen corpuscular medio.
d) Velocidad de sedimentación.

6. Son valores normales de HTO:

a) Mujeres: 37-47 %.
b) Hombres: 42-52 %.
c) Mujeres embarazadas: 34-44 %.
d) Todas son correctas.

7. El valor medio del volumen de los hematíes es:

a) HTO.
b) VCM.
c) MVC.
d) HCM.

8. Si los glóbulos rojos son pequeños podemos pensar que el paciente presenta:

a) Anemia ferropénica.
b) Anemia megaloblástica.
c) Anemia perniciosa.
d) Todas son correctas.

9. Una reacción alérgica cursa con aumento de:

a) Eosinófilos.
b) Basófilos.
c) Neutrófilo.
d) Glóbulos rojos.

10. La presencia de glucosa en orina se denomina:

a) Glucorraquia.
b) Glucemia.
c) Glucosuria.
d) Hiperglucemia.

11. La forma oxidada de la hemoglobina se denomina:

a) Desoxihemoglobina.
b) Oxihemoglobina.

c) Metahemoglobina.
d) Sulfohemoglobina.

12. La hemoglobina se expresa en:

a) dg/ml.
b) g/kl.
c) mg/l.
d) g/dl.

13. Dentro de los objetivos biológicos que se deben dar a la hora de un análisis de muestra, encontramos:

a) Que se debe tener conocimiento de cómo transcurre todo el proceso.
b) Saber obtener una muestra biológica e informar al paciente cómo hacerlo.
c) Efectuar correctamente la manipulación y el transporte de la muestra.
d) Todos son objetivos.

14. ¿Qué proteína se encuentra presente en el plasma sanguíneo?

a) Fibrinógeno.
b) Eritrocitos.
c) Plaquetas.
d) Células blancas.

15. Indicar la respuesta correcta:

a) El suero es la fracción de plasma sin fibrinógeno ni los demás factores de coagulación.
b) El plasma es la fracción de suero sin fibrinógeno ni los demás factores de coagulación.
c) El plasma es el suero más los glóbulos rojos.
d) El suero es el plasma más los glóbulos blancos.

16. Los tubos que contienen EDTA como anticoagulante son los que tienen el tapón de color:

a) Rojo.
b) Verde.
c) Gris.
d) Morado.

17. Todas las características de la heparina son correctas excepto una, ¿cuál?

a) Es el único anticoagulante fisiológico en forma de sal de Li, Na, K o amonio.
b) Favorece la formación de trombina.
c) Se utiliza en concentración 0,1 a 0,2 mg por ml de sangre.
d) Es el mejor anticoagulante para prevenir la hemólisis.

18. De las siguientes características del EDTA una de ellas es falsa; indique cuál:

a) Secuestra el calcio e inhibe el factor V de coagulación.
b) No produce alteraciones en los volúmenes de hematíes y plaquetas.
c) Se utiliza como anticoagulante para todo tipo de determinaciones incluidas las de iones.
d) Se utiliza en recuentos celulares.

19. El anticoagulante recomendado para los recuentos de células sanguíneas es:

a) Fluoruro sódico.
b) Citrato trisódico.
c) EDTA.
d) Oxalato de amonio.

20. El anticoagulante recomendado para la determinación de la velocidad de sedimentación es:

a) Oxalato amónico al 2%.
b) Heparina de litio.
c) Citrato sódico al 3,8%, proporción 1/9.
d) Citrato sódico al 3,8%, proporción 1/4.

En MADTEST tienes **más preguntas de este tema**, y todos tus avances quedan registrados y se reflejan en el ranking.

¡Supera tus límites con MADTEST!

Solución al test n.º 15

1. d) Ninguno de los anteriores.

2. b) Hisopo estéril.

3. c) Heparina.

4. c) 10000 a 400000.

5. b) Hematocrito.

6. d) Todas son correctas.

7. b) VCM.

8. a) Anemia ferropénica.

9. a) Eosinófilos.

10. c) Glucosuria.

11. c) Metahemoglobina.

12. d) g/dl.

13. d) Todos son objetivos.

14. a) Fibrinógeno.

15. a) El suero es la fracción de plasma sin fibrinógeno ni los demás factores de coagulación.

16. d) Morado.

17. b) Favorece la formación de trombina.

18. c) Se utiliza como anticoagulante para todo tipo de determinaciones incluidas las de iones.

19. c) EDTA.

20. d) Citrato sódico al 3,8%, proporción 1/4.

TEST N.º 16

Conceptos físico-químicos básicos y aplicación en el laboratorio de farmacia. Magnitudes y unidades de medidas: masa, tiempo, temperatura, volumen, presión, densidad, viscosidad y pH

1. La identificación y caracterización de sustancias son pruebas básicas. Señala cuáles son los objetivos de estas pruebas:

a) Proporcionar un método sencillo y fácilmente aplicable para comprobar la identidad de una sustancia, utilizando un número limitado de reactivos fáciles de obtener, cuando el etiquetado o las características físicas del producto da origen a dudas.

b) Facilitar un medio práctico para la comprobación de la identificación de una sustancia, cuando no se dispone de un laboratorio totalmente equipado.

c) Advertir la presencia de degradación en el caso de ciertas sustancias que en condiciones adversas se descomponen con facilidad.

d) Todas son correctas.

2. ¿Qué propiedad de la materia se puede medir sin que haya un cambio a nivel molecular en la identidad de la sustancia?

a) Química.
b) Física.
c) Biológica.
d) Radiológica.

3. ¿Cómo se denomina la propiedad que presentan algunos materiales, los cuales, bajo la acción de una fuerza, pueden deformarse plásticamente de manera sostenible sin romperse?

a) Dureza.
b) Maleabilidad.
c) Ductilidad.
d) Brillo.

4. ¿Cómo se denomina la propiedad de una sustancia de transmitir la electricidad o el calor?

a) Conductividad.
b) Densidad.
c) Brillo.
d) Ductibilidad.

5. Las propiedades físicas de las sustancias son aquellas:

a) Son constantes y propias de cada sustancia o compuesto.
b) Permiten describir la sustancia que tenemos, pero no identificarla.
c) Se pueden atribuir a una sustancia o compuesto concreto, de forma individualizada.
d) Se pueden medir sin que haya un cambio a nivel molecular en la identidad de la sustancia.

6. El punto de fusión de una sustancia es:

a) La temperatura en la cual una sustancia en estado sólido pasa a estado líquido.
b) La temperatura a la que pasa de estado líquido a sólido a presión atmosférica.
c) La temperatura a la que pasa de estado líquido a gas a presión atmosférica.
d) Ninguna es correcta.

7. Señala el enunciado correcto con respecto a la viscosidad de una sustancia:

a) Experimentalmente, el punto de fusión es un rango de temperaturas.
b) Viene marcado por la temperatura a la cual se empieza a fundir la sustancia y llega hasta la temperatura en que toda la sustancia está fundida.
c) El punto de fusión de las sustancias puras está definido y es reproducible, y, por tanto, puede ser utilizado para identificar productos si este había sido descrito previamente.
d) Los líquidos viscosos como los jarabes fluyen lentamente porque sus partículas resbalan difícilmente unas sobre otras.

8. Señala el enunciado incorrecto respecto al punto de ebullición:

a) El punto de ebullición se define como la temperatura que permanece constante mientras se produce el cambio de estado de líquido a gas.
b) El agua de alta montaña hierve a 100 ºC.
c) Depende de la presión y de la sustancia.
d) La temperatura de ebullición es aquella a la cual la presión del vapor del líquido es igual a la presión externa.

9. ¿Qué escala de temperatura es la más utilizada en el Sistema Internacional?

a) Celsius.
b) Kelvin.

c) Fahrenheit.
d) Todas son utilizadas.

10. ¿Cómo se expresa la densidad en el Sistema Internacional?

a) g/cm^3.
b) g/cm^2.
c) g/ml.
d) kg/dm^3.

11. ¿Qué unidades tiene el índice de refracción?

a) mm/s.
b) segundos.
c) g/ml.
d) Es adimensional.

12. El índice de refracción:

a) Está relacionado con la estructura física del medio a través del cual pasa la luz.
b) Es una propiedad característica de las sustancias por eso se usa para identificar sustancias.
c) Se determina mediante un refractométro.
d) Todas son correctas.

13. La viscosidad:

a) Se define como la resistencia de un líquido a fluir.
b) Es una característica que se atribuye a los sólidos.
c) La viscosidad de un líquido aumenta cuando la temperatura aumenta, y disminuye cuando la temperatura disminuye.
d) Todas son correctas.

14. De las siguientes radiaciones, señala cuál es la más energética:

a) Rayos UV.
b) Rayos visibles.
c) Radiaciones infrarrojas.
d) Rayos cósmicos.

15. De las siguientes radiaciones, ¿cuál cuál es la menos energética?

a) Infrarroja.
b) Visible.

c) Ultravioleta.

d) Rayos X.

16. Las radiaciones infrarrojas:

a) Son capaces de inducir en la materia transformaciones nucleares.

b) Producen transiciones de los electrones de las capas externas de los átomos, pudiendo provocar ruptura de enlaces que originen otros compuestos.

c) Producen alteraciones en la vibración de las moléculas. En esto se basa la espectroscopia de absorción infrarroja.

d) Producen variaciones en los momentos magnéticos de los electrones.

17. La transmitancia:

a) Es la relación entre luz incidente y luz transmitida.

b) Mide la diferencia entre la luz que penetra en una solución coloreada y la luz que sale después de atravesar un determinado volumen de esa solución.

c) Se expresa en porcentaje de luz que consigue pasar la solución.

d) Todas son correctas.

18. La ley de Lambert-Beer:

a) Establece la relación entre el grado de absorbancia de una solución y otras dos variables: la concentración del absorbente y la longitud del trayecto que el haz de luz recorre a través de la solución.

b) Establece la relación entre el grado de absorbancia de una solución y otras dos variables: la concentración del absorbente y el tiempo que se tarda en atravesar la solución.

c) Establece que la absorbancia de una solución es indirectamente proporcional a la concentración y a la longitud del trayecto del paso de luz.

d) Ninguna es correcta.

19. Las reacciones redox:

a) Son reacciones en las que los elementos experimentan un cambio en su número de oxidación.

b) Son reacciones en las cuales los elementos se unen y forman moléculas o cuando las moléculas se juntan y forman otros compuestos.

c) Son reacciones en las que cuando se combina un ácido y una base dan lugar a sal y agua.

d) Son reacciones en fase acuosa, que implican la formación de un precipitado sólido.

20. ¿Cómo se denominan las reacciones en las que se combina un hidrocarburo con el oxígeno?

a) Redox.
b) Combustión.
c) Descomposición.
d) Síntesis.

Solución al test n.º 16

1. d) Todas son correctas.

2. b) Física.

3. c) Ductilidad.

4. a) Conductividad.

5. d) Se pueden medir sin que haya un cambio a nivel molecular en la identidad de la sustancia.

6. a) La temperatura en la cual una sustancia en estado sólido pasa a estado líquido.

7. d) Los líquidos viscosos como los jarabes fluyen lentamente porque sus partículas resbalan difícilmente unas sobre otras.

8. b) El agua de alta montaña hierve a 100 ºC.

9. b) Kelvin.

10. d) kg/dm3.

11. d) Es adimensional.

12. d) Todas son correctas.

13. a) Se define como la resistencia de un líquido a fluir.

14. d) Rayos cósmicos.

15. a) Infrarroja.

16. c) Producen alteraciones en la vibración de las moléculas. En esto se basa la espectroscopia de absorción infrarroja.

17. d) Todas son correctas.

18. a) Establece la relación entre el grado de absorbancia de una solución y otras dos variables: la concentración del absorbente y la longitud del trayecto que el haz de luz recorre a través de la solución.

19. a) Son reacciones en las que los elementos experimentan un cambio en su número de oxidación.

20. b) Combustión.

TEST N.º 17

Instrumentos de medidas ópticas: concepto de espectrofotometría. Fotómetro y espectrofotómetro. Microscopio óptico: fundamento, características y manejo

1. La fotometría de llama (espectrometría de emisión atómica) se basa en:

a) La absorción de luz por moléculas en disolución.
b) La emisión de energía al pasar los electrones de estado excitado a normal.
c) La difracción de la luz en una red.
d) La reflexión interna total.

2. En fotometría de llama, el sodio emite principalmente en:

a) 670 nm (roja).
b) 589 nm (amarillenta).
c) 766 nm (violeta).
d) 622 nm (rojo-amarillenta).

3. ¿Qué componente NO forma parte del fotómetro de llama?

a) Atomizador.
b) Quemador.
c) Columna de destilación.
d) Monocromador.

4. El método de adición de patrón en fotometría de llama:

a) Emplea un elemento diferente al analito.
b) Ajusta a 0 con blanco y a 100 con la más concentrada, usando el mismo elemento.
c) No requiere calibración.
d) Es el menos robusto frente a matriz.

5. En el método de patrón interno, en matrices biológicas el patrón típico es:

a) Sodio.
b) Calcio.
c) Litio ($\approx$671 nm).
d) Potasio.

6. La relación correcta energía-longitud de onda es:

a) $E = h \cdot \lambda / c$.
b) $E = c / (h \cdot \lambda)$.
c) $E = h \cdot c / \lambda$.
d) $E = \lambda / (h \cdot c)$.

7. El visible para el ojo humano abarca aproximadamente:

a) 100–390 nm.
b) 390–700 nm.
c) 700–100000 nm.
d) 1–100 nm.

8. En el espectro visible, el verde se sitúa aproximadamente en:

a) 425–490 nm.
b) 490–575 nm.
c) 575–585 nm.
d) 650–700 nm.

9. La transmitancia se define como:

a) $T = I0/I$.
b) $T = I/I0$.
c) $T = \log I0/I$.
d) $T = \varepsilon \cdot l \cdot c$.

10. La absorbancia A se expresa como:

a) $A = 1/T$.
b) $A = I0/I$.
c) $A = \log (I0/I)$.
d) $A = T \cdot 100$.

11. La Ley de Lambert-Beer establece que $A = \varepsilon \cdot l \cdot c$, donde ε es:

a) Transmitancia.
b) Coeficiente de extinción molar.

c) Longitud de onda.
d) Índice de refracción.

12. Un espectrofotómetro de doble haz frente a uno de haz simple:

a) Es menos estable.
b) No requiere detector.
c) Compensa fluctuaciones de fuente usando referencia simultánea.
d) No necesita calibración de longitud de onda.

13. La lámpara más usada en visible es:

a) De deuterio.
b) De hidrógeno.
c) De wolframio (tungsteno).
d) De mercurio a baja presión.

14. Para UV (200–400 nm) la fuente preferida es:

a) Wolframio.
b) Deuterio.
c) Xenón a presión.
d) LED azul.

15. Los filtros de corte:

a) Dejan pasar solo una banda estrecha con transmisión 100%.
b) Bloquean todas las longitudes de onda.
c) Dejan pasar todas las longitudes por encima o por debajo de un límite.
d) Son idénticos a una red de difracción.

16. Los filtros de interferencia (multicapa):

a) Son menos selectivos que el vidrio coloreado.
b) Ofrecen bandas más estrechas (≈5–10 nm).
c) No dependen del grosor de dieléctrico.
d) Solo sirven en IR.

17. Un monocromador de prisma separa longitudes de onda por:

a) Difracción.
b) Refracción.
c) Interferencia destructiva.
d) Reflexión especular.

18. La red de difracción:

a) Es menos resolutiva que un filtro de vidrio.
b) Ofrece longitudes de banda <0,5 nm.
c) No requiere rendijas.
d) Solo funciona en transmisión.

19. Para medir por debajo de 310 nm, la cubeta debe ser de:

a) Vidrio.
b) Plástico.
c) Cuarzo.
d) Cualquiera.

20. Una célula fotovoltaica (barrera de selenio) es especialmente útil cuando:

a) La intensidad es muy baja.
b) Se requiere altísima sensibilidad en UV.
c) Se trabaja con intensidades altas en visible (~550 nm).
d) Se desea evitar amplificación.

En MADTEST tienes **más preguntas de este tema**, y todos tus avances quedan registrados y se reflejan en el ranking.

¡Supera tus límites con MADTEST!

Solución al test n.º 17

1. b) La emisión de energía al pasar los electrones de estado excitado a normal.

2. b) 589 nm (amarillenta).

3. c) Columna de destilación.

4. b) Ajusta a 0 con blanco y a 100 con la más concentrada, usando el mismo elemento.

5. c) Litio ($\approx$671 nm).

6. c) $E = h \cdot c / \lambda$.

7. b) 390–700 nm.

8. b) 490–575 nm.

9. b) $T = I/I0$.

10. c) $A = \log (I0/I)$.

11. b) Coeficiente de extinción molar.

12. c) Compensa fluctuaciones de fuente usando referencia simultánea.

13. c) De wolframio (tungsteno).

14. b) Deuterio.

15. c) Dejan pasar todas las longitudes por encima o por debajo de un límite.

16. b) Ofrecen bandas más estrechas ($\approx$5–10 nm).

17. b) Refracción.

18. b) Ofrece longitudes de banda <0,5 nm.

19. c) Cuarzo.

20. c) Se trabaja con intensidades altas en visible (~550 nm).

TEST N.º 18

Productos parafarmacéuticos: Productos sanitarios y biocidas de uso humano. Dermofarmacia. Preparados dietéticos. Clasificación, aplicaciones y características de los productos parafarmacéuticos. Regulación comunitaria de los productos sanitarios. Material de acondicionamiento de los productos sanitarios. Aplicaciones informáticas de bases de datos de parafarmacia

1. Los productos de parafarmacia:

a) Son llamados productos de libre adquisición.
b) Son aquellos productos que, sin ser propiamente medicamentos, se consumen, aplican y usan directamente por los usuarios para mejorar su calidad de vida.
c) Son productos que no son medicamentos.
d) Todas son correctas.

2. Uno de los siguientes es un producto de parafarmacia:

a) Biocidas.
b) Productos para nutrición enteral.
c) Productos de alimentación infantil.
d) Todos son productos de parafarmacia.

3. Los productos que son artículos y materiales que sirven para: diagnóstico, prevención, control, tratamiento o alivio de una enfermedad se denominan:

a) Productos de ortopedia.
b) Productos sanitarios.
c) Productos de farmacia.
d) Ninguna es correcta.

4. Los biocidas de uso humano son utilizados para:

a) Higiene humana.
b) Como repelentes.

c) Como insecticidas.
d) Todas son correctas.

5. Todos aquellos productos que, no siendo medicamentos, se consumen, aplican o utilizan sobre el cuerpo y se ponen a disposición de los usuarios se denominan:

a) Fármacos.
b) Productos de parafarmacia.
c) Fórmula magistral.
d) Medicamento genérico.

6. El Código Nacional que llevan los productos de farmacia es un número de:

a) 8 cifras.
b) 7 cifras.
c) 9 cifras.
d) 10 cifras.

7. El Código Nacional de Productos de parafarmacia está comprendido entre los números:

a) 200.000 y 499.999.
b) 150.000 y 399.999.
c) 100.000 y 299.999.
d) Ninguna es correcta.

8. El Catálogo de Parafarmacia del CGCOF:

a) Pertenece a la colección de la AEMPS.
b) Pertenece a la colección Consejo Plus.
c) Pertenece al Catálogo de Medicamentos.
d) Pertenece al BOT plus.

9. El BOT plus:

a) Es un programa informático.
b) Es un catálogo de medicamentos.
c) Es una colección de parafarmacia.
d) Es una monografía informática.

10. Un producto sanitario tiene como finalidad:

a) Diagnosticar, prevenir, controlar, tratar o aliviar una enfermedad.
b) Diagnosticar, controlar, tratar, aliviar o compensar una lesión física.
c) Regular la concepción.
d) Todas son correctas.

11. Los productos sanitarios son:

a) Cualquier instrumento, dispositivo, equipo, material u otro artículo utilizado solo o en combinación, incluidos los programas informáticos que intervengan en su buen funcionamiento, destinado por el fabricante para ser utilizados en seres humanos.
b) Utilizados para diagnosticar, prevenir, controlar, tratar o aliviar una enfermedad.
c) Utilizados para diagnosticar, controlar, tratar, aliviar o compensar una lesión o deficiencia.
d) Todas son correctas.

12. Los productos sanitarios según su riesgo se clasifican en:

a) Cuatro clases.
b) Tres clases.
c) Dos clases.
d) Cinco clases.

13. Son criterios que valoran el riesgo del producto sanitario:

a) El tiempo de contacto con el cuerpo.
b) La parte del cuerpo con la que se produce el contacto.
c) El grado de invasividad.
d) Todas son correctas.

14. Los productos que entran en el interior del cuerpo y permanecen durante un tiempo prolongado o quedan implantados pertenecen a las clases de riesgo:

a) I y II.
b) IIb y III.
c) III y IV.
d) IV.

15. Los productos destinados a un contacto superficial y poco duradero generalmente entran en la clase de riesgo más baja.

a) Clase I.
b) Clase II.
c) Clase III.
d) Clase IV.

16. Una sonda urológica pertenece a la clase:

a) I.
b) II.
c) IIa.
d) IIb.

17. En función del tiempo de contacto, los productos sanitarios se pueden considerar como:

a) De uso pasajero.
b) Uso a corto plazo.
c) De uso prolongado.
d) Todas son correctas.

18. Las lentes intraoculares, ¿a qué clasificación de productos sanitarios pertenecen según el riesgo?

a) Clase III.
b) Clase IIb.
c) Clase I.
d) Clase IV.

19. Se considera producto sanitario de uso prolongado el destinado normalmente a utilizarse de forma continua durante un periodo de:

a) Entre 5 y 10 días.
b) Entre 10 y 20 días.
c) Menos de 30 días.
d) Más de 30 días.

20. Las bolsas de sangre son de la clase:

a) I.
b) II.
c) IIb.
d) III.

En MADTEST tienes **más preguntas de este tema**, y todos tus avances quedan registrados y se reflejan en el ranking.

¡Supera tus límites con MADTEST!

Solución al test n.º 18

1. d) Todas son correctas.

2. d) Todos son productos de parafarmacia.

3. b) Productos sanitarios.

4. d) Todas son correctas.

5. b) Productos de parafarmacia.

6. b) 7 cifras.

7. b) 150.000 y 399.999.

8. b) Pertenece a la colección Consejo Plus.

9. a) Es un programa informático.

10. d) Todas son correctas.

11. d) Todas son correctas.

12. a) Cuatro clases.

13. d) Todas son correctas.

14. b) IIb y III.

15. a) Clase I.

16. c) IIa.

17. d) Todas son correctas.

18. b) Clase IIb.

19. d) Más de 30 días.

20. c) IIb.

Seguridad y prevención de riesgos en el laboratorio de farmacia. Riesgos biológicos. Riesgos químicos. Riesgos físicos

1. Respecto a las salas blancas señala lo correcto:

a) El personal trabaja en condiciones de asepsia y bajo la supervisión del farmacéutico.
b) Estas salas se limpian varias veces al día con productos desinfectantes.
c) Es obligatorio el uso de EPi y estos equipos no deben salir de las salas asépticas.
d) Todas son correctas.

2. Las salas blancas se clasifican:

a) Por el grado de pureza del aire exterior y por el flujo del aire de las partículas.
b) Por el grado de pureza del aire interior y por el número de partículas del aire.
c) Por el grado de pureza del aire interior y por el flujo del aire.
d) Por el grado de pureza de los materiales de filtro.

3. Un Speakers es:

a) Una sala blanca.
b) Una cabina de seguridad.
c) Un intercomunicador.
d) Una salida de emergencia.

4. Las salas blancas:

a) Son áreas aisladas del ambiente exterior.
b) Son áreas que requieren una interacción continua con el exterior.
c) Requieren de procesos interno e interacciones entre áreas distintas en los que debe evitarse la contaminación cruzada.
d) Todas son correctas.

5. Respecto a las recomendaciones de trabajo en las salas blancas se encuentra:

a) Se utilizan las esclusas para el intercambio de productos entre el exterior y el interior de las cabinas.
b) La puerta del recinto permanecerá cerrada para evitar corrientes de aire.

c) No pueden estar presentes muchas personas, no se recomienda la presencia de más de dos manipuladores.

d) Todas son ciertas.

6. Una situación en funcionamiento de la sala blanca es aquella:

a) En que la instalación está funcionando de la forma definida de trabajo con el número de personas definidas trabajando.

b) En que la instalación no está funcionando de la forma definida de trabajo con el número de personas definidas trabajando.

c) En que la instalación no está funcionando ni presenta personal.

d) Ninguna es correcta.

7. Por el grado de pureza del aire interior, las salas blancas se clasifican en:

a) Tipos I, II y III.
b) Grados A, B y C.
c) Grados A, B, C y D.
d) Tipos I, II, III y IV.

8. Las cabinas de seguridad de clase I presentan un inconveniente; señala cuál:

a) Que protegen al personal y al ambiente.
b) Que se usan para el manejo de citostáticos y otros productos peligrosos.
c) No proporcionan protección al material con el que se trabaja.
d) Se usan específicamente para aislar equipos como centrifugadoras y equipos de cultivo.

9. Para crear un área de trabajo estéril:

a) La velocidad del ventilador debe ser regulada por un controlador electrónico.
b) Se utilizará una lámpara de rayos ultravioleta situada en el interior de la cabina.
c) La presión debe ajustarse correctamente para que el flujo sea laminar.
d) El manómetro situado en el exterior de la cabina controlará la presión en todo momento.

10. La seguridad del personal puede verse comprometida al entrar o salir aire contaminado del área de trabajo debido:

a) Al tamaño del laboratorio.
b) A la presencia de muchas personas.
c) A las corrientes de aire que interfieren el flujo laminar.
d) A la luz utilizada en la zona de la cabina.

11. Para designar la mejor localización del área de trabajo de las Cabinas de Seguridad, estas deben ubicarse en salas de clase:

a) 100.000.
b) ISO Clase 5.

c) 10.000.
d) M 6.5.

12. Las Cabinas de Seguridad clase III se recomiendan para el manejo de:

a) Agentes químicos en forma de polvo.
b) Centrifugadoras y equipos de cultivo.
c) Medicamentos peligrosos.
d) Productos no estériles.

13. La limpieza del suelo del área de trabajo se hará:

a) Diariamente con agua jabonosa.
b) Con tejidos estériles y alcohol de 70º.
c) Se barrerá el recinto y se limpiará con una fregona de uso exclusivo.
d) Con agua e hipoclorito sódico en una solución no inferior al 0,1% en cloro activo.

14. Señala la respuesta incorrecta. Para mantener la asepsia en la zona de trabajo:

a) En ningún caso se utilizará aire acondicionado.
b) La puerta del área debe abrirse hacia la zona de trabajo.
c) Se evitarán puertas y ventanas que creen corrientes de aire.
d) No se recomienda la presencia de más de dos manipuladores.

15. La limpieza de la cabina se realizará:

a) Antes de realizar un test de control biológico.
b) El frontal de metacrilato se limpiará con alcohol de 70º.
c) La parte externa se limpiará con clorhexidina al 5 %.
d) Desde las áreas de mayor a menor contaminación.

16. En las salas blancas según la norma UNE-En ISO 146644-1, es un local en el que se controla la concentración de partículas contenidas en el aire y que además su construcción y utilización se realiza de forma que el número de partículas introducidas o generadas y existentes en el interior del local sea lo menor posible y en la que además se puedan controlar otros parámetros. Señala qué otros parámetros se deben controlar:

a) Temperatura.
b) Humedad.
c) Presión.
d) Todo lo anterior se debe controlar.

17. Señala el enunciado incorrecto en relación con las salas blancas:

a) Las salas blancas están clasificadas por diferentes organismos y estándares internacionales según el número de partículas medido y la dimensión de estas partículas.
b) Las salas blancas, por el tipo de flujo, pueden ser de flujo multidireccional y unidireccional.

c) Según el flujo multidireccional el movimiento del aire es laminar.

d) El rendimiento de estas salas está ensayado según la normativa ISO 14644-1 que determina la categoría de limpieza aunque se aplica también la norma americana US Federal Standard 209E.

18. ¿Cuál es un aspecto importante en el diseño de las salas blancas?

a) La ubicación de las salas de preparación donde serán colocadas las cabinas de flujo.

b) El personal de mantenimiento.

c) Los documentos de trabajo a realizar.

d) La distribución del espacio.

19. En el ámbito de las salas blancas, entendemos por "SAS":

a) Las puertas de emergencias.

b) Las salas blancas.

c) Las esclusas.

d) Las zonas intermedias.

20. Una situación en reposo de la sala blanca es aquella:

a) En que la instalación está funcionando sin el personal.

b) La instalación no está funcionando pero el personal sí está en la sala.

c) La instalación está completa con el equipo de producción instalada y en funcionamiento pero sin estar presente el personal.

d) La sala, ni está en funcionamiento ni tiene personal.

En MADTEST tienes **más preguntas de este tema**, y todos tus avances quedan registrados y se reflejan en el ranking.

¡Supera tus límites con MADTEST!

Solución al test n.º 19

1. d) Todas son correctas.

2. c) Por el grado de pureza del aire interior y por el flujo del aire.

3. c) Un intercomunicador.

4. d) Todas son correctas.

5. d) Todas son ciertas.

6. a) En que la instalación está funcionando de la forma definida de trabajo con el número de personas definidas trabajando.

7. c) Grados A, B, C y D.

8. c) No proporcionan protección al material con el que se trabaja.

9. b) Se utilizará una lámpara de rayos ultravioleta situada en el interior de la cabina.

10. c) A las corrientes de aire que interfieren el flujo laminar.

11. c) 10.000.

12. c) Medicamentos peligrosos.

13. d) Con agua e hipoclorito sódico en una solución no inferior al 0,1% en cloro activo.

14. a) En ningún caso se utilizará aire acondicionado.

15. a) Antes de realizar un test de control biológico.

16. d) Todo lo anterior se debe controlar.

17. c) Según el flujo multidireccional el movimiento del aire es laminar.

18. a) La ubicación de las salas de preparación donde serán colocadas las cabinas de flujo.

19. c) Las esclusas.

20. c) La instalación está completa con el equipo de producción instalada y en funcionamiento pero sin estar presente el personal.

ANEXO

Perspectiva de género. Salud y género. Morbilidad diferenciada. Violencia de género: prevención, detección y actuación por parte de los/las profesionales del Servicio Gallego de Salud

1. La perspectiva de género en salud implica:

a) Reconocer únicamente diferencias biológicas entre mujeres y hombres.
b) Analizar cómo los roles y desigualdades sociales influyen en la salud.
c) Tratar de igual manera a todos los pacientes, sin diferenciar sexo ni género.
d) Centrarse en patologías propias de la mujer.

2. El enfoque androcéntrico en medicina significa:

a) Que la investigación se centra en ambos sexos por igual.
b) Que el varón adulto es tomado como modelo de referencia.
c) Que se priorizan las enfermedades crónicas de la mujer.
d) Que se excluyen los determinantes sociales de la salud.

3. La Ley Orgánica 3/2007 establece:

a) La igualdad salarial en todos los sectores.
b) La creación del protocolo sanitario contra violencia de género.
c) El derecho a la interrupción voluntaria del embarazo.
d) La transversalidad de género en las políticas públicas, incluida la sanidad.

4. Según la OMS, las desigualdades de género son:

a) Factores exclusivamente culturales.
b) Consecuencias inevitables del sexo biológico.
c) Determinantes sociales clave de la salud.
d) Variables sin impacto en políticas públicas.

5. La transversalidad de género significa:

a) Integrar la perspectiva de género en todas las políticas y programas.
b) Aplicarla solo en áreas de igualdad y violencia de género.
c) Implementar programas específicos para mujeres.
d) Coordinar sectores como justicia y empleo.

6. La intersectorialidad busca:

a) Incorporar la igualdad únicamente en el sistema sanitario.
b) Coordinar diferentes sectores para dar respuestas globales.
c) Limitar la intervención a sanidad y educación.
d) Sustituir la transversalidad de género.

7. Una consecuencia del sesgo androcéntrico es:

a) Diagnóstico temprano de enfermedades cardiovasculares en mujeres.
b) Invisibilización de patologías prevalentes en mujeres.
c) Incremento de la mortalidad masculina por causas externas.
d) Mayor prevalencia de cáncer en hombres.

8. La Ley Orgánica 1/2004 reconoce la violencia de género como:

a) Una vulneración de derechos humanos y un problema de salud pública.
b) Un problema social pero no sanitario.
c) Un fenómeno exclusivamente judicial.
d) Un delito menor en relaciones de pareja.

9. El WAST-Versión corta se aplica a:

a) Mujeres de 15 o más años en consultas sanitarias.
b) Solo a mujeres embarazadas en seguimiento prenatal.
c) Únicamente en urgencias hospitalarias.
d) Personas de ambos sexos en atención primaria.

10. Si el WAST es negativo, se recomienda:

a) Repetir cribado a los 2 años salvo nuevos indicadores.
b) Derivar a servicios sociales de inmediato.
c) Aplicar el cuestionario AAS.
d) Notificar obligatoriamente a la policía.

11. Si el WAST es positivo, la actuación siguiente es:

a) Registrar únicamente en historia clínica.
b) Aplicar el cuestionario AAS.

c) Realizar parte de lesiones automático.
d) Repetir el WAST en 6 meses.

12. El cuestionario AAS se utiliza para:

a) Confirmar sospechas de violencia de género.
b) Evaluar la satisfacción marital.
c) Medir depresión en mujeres.
d) Identificar riesgos cardiovasculares.

13. La prevención primaria en violencia de género busca:

a) Evitar nuevas agresiones en víctimas.
b) Impedir que ocurra violencia mediante educación y sensibilización.
c) Detectar precozmente casos ocultos.
d) Activar órdenes judiciales de protección.

14. La prevención secundaria se centra en:

a) Programas educativos en adolescentes.
b) Derivar a la policía en caso de sospecha.
c) Reducir secuelas de agresiones pasadas.
d) Identificar precozmente víctimas mediante cribado.

15. El objetivo de la prevención terciaria es:

a) Impedir que la violencia ocurra.
b) Evitar la recurrencia y reducir secuelas en víctimas ya afectadas.
c) Detectar signos clínicos de sospecha.
d) Promocionar la igualdad en la población general.

16. El parte de lesiones es importante porque:

a) Es opcional en la atención sanitaria.
b) Sustituye la denuncia judicial.
c) Constituye la prueba documental decisoria.
d) Solo incluye las lesiones físicas.

17. Una señal clínica que puede indicar violencia de género es:

a) Resfriados de repetición.
b) Lesiones en zonas poco visibles y explicaciones incongruentes.
c) Hipertensión en edades tempranas.
d) Aumento de colesterol.

18. El protocolo PDA del SERGAS significa:

a) Pregunta, Detecta y Analiza.
b) Prevención, Derivación y Atención.
c) Proteger, Documentar y Acompañar.
d) Promover, Difundir y Asesorar.

19. Una característica de la violencia psicológica es:

a) Golpes y empujones.
b) Humillaciones, amenazas y aislamiento.
c) Restricción económica.
d) Difusión de imágenes íntimas.

20. La violencia económica se manifiesta como:

a) Uso de armas para intimidar.
b) Amenazas verbales constantes.
c) Aislamiento social.
d) Apropiarse del salario o impedir trabajar a la víctima.

En MADTEST tienes **más preguntas de este tema**, y todos tus avances quedan registrados y se reflejan en el ranking.

¡Supera tus límites con MADTEST!

Solución al anexo

1. b) Analizar cómo los roles y desigualdades sociales influyen en la salud.

2. b) Que el varón adulto es tomado como modelo de referencia.

3. d) La transversalidad de género en las políticas públicas, incluida la sanidad.

4. c) Determinantes sociales clave de la salud.

5. a) Integrar la perspectiva de género en todas las políticas y programas.

6. b) Coordinar diferentes sectores para dar respuestas globales.

7. b) Invisibilización de patologías prevalentes en mujeres.

8. a) Una vulneración de derechos humanos y un problema de salud pública.

9. a) Mujeres de 15 o más años en consultas sanitarias.

10. a) Repetir cribado a los 2 años salvo nuevos indicadores.

11. b) Aplicar el cuestionario AAS.

12. a) Confirmar sospechas de violencia de género.

13. b) Impedir que ocurra violencia mediante educación y sensibilización.

14. d) Identificar precozmente víctimas mediante cribado.

15. b) Evitar la recurrencia y reducir secuelas en víctimas ya afectadas.

16. c) Constituye la prueba documental decisoria.

17. b) Lesiones en zonas poco visibles y explicaciones incongruentes.

18. a) Pregunta, Detecta y Analiza.

19. b) Humillaciones, amenazas y aislamiento.

20. d) Apropiarse del salario o impedir trabajar a la víctima.

SUPUESTOS PRÁCTICOS

SUPUESTO N.º 1

Un paciente de 68 años, con antecedentes de insuficiencia cardiaca e insuficiencia renal moderada, acude al servicio de urgencias con una crisis de angina de pecho. En la unidad de hospitalización recibe varios medicamentos:

- Nitroglicerina sublingual para la crisis.

- Heparina subcutánea como anticoagulante.

- Furosemida intravenosa para la insuficiencia cardiaca.

- Amoxicilina oral en cápsulas por una infección respiratoria concomitante.

El paciente refiere además sequedad bucal, dificultad para tragar comprimidos y molestias gástricas cuando toma ciertos medicamentos.

A partir de este caso, responda a las siguientes preguntas.

Cuestiones

1. ¿Cuál es la principal ventaja de la administración sublingual de la nitroglicerina en este paciente?

a) Evita el efecto del primer paso hepático.
b) Permite una acción prolongada durante 24 horas.
c) Se absorbe en el estómago junto con los alimentos.
d) Disminuye la biodisponibilidad.

2. En la insuficiencia renal del paciente, ¿qué parámetro farmacocinético se verá más afectado?

a) La absorción.
b) La distribución.
c) La eliminación.
d) El primer paso hepático.

3. ¿Qué forma farmacéutica es más adecuada para la administración de amoxicilina en este paciente con dificultad para tragar comprimidos?

a) Comprimidos recubiertos.
b) Cápsulas duras.
c) Suspensión oral.
d) Grageas gastrorresistentes.

4. ¿Cuál de las siguientes vías ofrece una biodisponibilidad del 100 %?

a) Sublingual.
b) Intravenosa.
c) Oral.
d) Subcutánea.

5. La furosemida se administra en este caso por vía intravenosa. ¿Cuál es la principal razón de esta elección en urgencias?

a) Mayor comodidad para el paciente.
b) Absorción lenta y progresiva.
c) Inicio de acción inmediato.
d) Evitar efectos secundarios.

6. La vía subcutánea utilizada para la heparina se caracteriza por:

a) Permitir grandes volúmenes de administración.
b) Presentar absorción más rápida que la intravenosa.

c) Ser adecuada para soluciones oleosas irritantes.

d) Requerir rotación de zonas de punción en tratamientos prolongados.

7. ¿Cuál de las siguientes vías parenterales implica mayor riesgo de infección y reacciones adversas graves?

a) Intradérmica.

b) Intramuscular.

c) Subcutánea.

d) Intravenosa.

8. En la administración oral de cápsulas de amoxicilina, ¿qué fenómeno puede reducir la cantidad de fármaco activo que llega a la circulación?

a) Liposolubilidad elevada.

b) Fenómeno del primer paso hepático.

c) Difusión facilitada.

d) Filtración glomerular.

9. En este paciente con sequedad bucal, ¿qué problema puede generar en la vía oral convencional?

a) Dificultad para disolver y deglutir comprimidos.

b) Aumento de la biodisponibilidad.

c) Absorción más rápida del fármaco.

d) Neutralización de la acidez gástrica.

10. ¿Cuál de las siguientes vías parenterales se emplea principalmente con fines diagnósticos, como en la prueba de Mantoux?

a) Subcutánea.

b) Intravenosa.

c) Intradérmica.

d) Intramuscular.

11. ¿Cuál de las siguientes técnicas se recomienda para administrar medicamentos intramusculares irritantes y evitar su reflujo?

a) Técnica en ángulo de 45°.

b) Técnica de punción en Z o balleta.

c) Técnica subcutánea en pliegue.

d) Técnica intradérmica con ángulo de 15°.

12. ¿Qué vía parenteral es la más adecuada para administrar grandes volúmenes de soluciones de forma continua?

a) Subcutánea.

b) Intradérmica.

c) Intravenosa.
d) Intramuscular.

13. En el cálculo de la velocidad de perfusión intravenosa, ¿qué factor se utiliza habitualmente en sistemas convencionales de macrogoteo?

a) 10 gotas/ml.
b) 20 gotas/ml.
c) 40 gotas/ml.
d) 60 gotas/ml.

14. ¿Qué vía de administración es más adecuada cuando se busca un efecto sistémico rápido evitando el metabolismo de primer paso hepático?

a) Oral.
b) Rectal.
c) Sublingual.
d) Intradérmica.

15. ¿Cuál de los siguientes lugares de inyección intramuscular se considera más seguro por estar alejado de nervios y vasos sanguíneos importantes?

a) Dorsoglúteo.
b) Deltoides.
c) Cara externa del muslo.
d) Ventroglúteo.

16. En la vía subcutánea, ¿qué ángulo se recomienda para puncionar a un paciente obeso con abundante tejido adiposo?

a) 15°.
b) 30°.
c) 45°.
d) 90°.

17. La administración intradérmica se caracteriza por:

a) Permitir grandes volúmenes de inyección.
b) Tener finalidad diagnóstica, como en pruebas de alergia.
c) Ser la vía más rápida de todas las parenterales.
d) Administrarse en la región glútea.

18. ¿Cuál de los siguientes es un riesgo característico de la vía parenteral que no se da en la vía oral?

a) Imposibilidad de retirar el fármaco tras administrarlo.
b) Primer paso hepático.

c) Variabilidad en la absorción.
d) Interacción con alimentos.

19. ¿Por qué está contraindicada la vía intramuscular en pacientes anticoagulados?

a) Riesgo de absorción incompleta.
b) Riesgo de formación de hematomas.
c) Riesgo de necrosis muscular.
d) Riesgo de biodisponibilidad reducida.

20. ¿Qué complicación es típica de la administración subcutánea repetida de insulina en la misma zona?

a) Necrosis muscular.
b) Lipodistrofia.
c) Reacción anafiláctica.
d) Hipoalbuminemia.

21. ¿Cuál de los siguientes medicamentos no debe administrarse nunca por vía sublingual?

a) Nitroglicerina.
b) Captopril.
c) Buprenorfina.
d) Comprimidos gastrorresistentes.

22. En el caso del paciente, la amoxicilina oral puede presentar biodisponibilidad reducida debido a:

a) Paso directo a la circulación sistémica.
b) Efecto de primer paso hepático.
c) Reabsorción tubular.
d) Unión a proteínas plasmáticas.

23. ¿Cuál de las siguientes vías parenterales se utiliza con fines diagnósticos y administra volúmenes de 0,01 a 0,1 ml?

a) Subcutánea.
b) Intradérmica.
c) Intramuscular.
d) Intravenosa.

24. ¿Qué precaución debe observarse en la administración de colirios?

a) Aplicarlos directamente sobre la córnea.
b) Mantener refrigeración y administrarlos fríos.

c) Instilarlos en el saco conjuntival inferior sin tocar el ojo.
d) Aplicarlos en la comisura externa del párpado superior.

25. ¿Qué ventaja tiene la vía transdérmica respecto a la vía oral?

a) Menor duración del efecto.
b) Menor riesgo de reacciones adversas.
c) Evita el metabolismo de primer paso hepático.
d) Permite dosis más altas en menor tiempo.

26. ¿Qué vía de administración es la más rápida y de elección en situaciones de urgencia vital?

a) Oral.
b) Sublingual.
c) Intravenosa.
d) Intramuscular.

27. ¿Cuál de las siguientes formas farmacéuticas se administra por vía rectal para obtener efecto sistémico o local?

a) Comprimidos gastrorresistentes.
b) Supositorios.
c) Colutorios.
d) Pomadas tópicas.

28. ¿Qué característica diferencia a la vía intramuscular de la subcutánea?

a) Mayor biodisponibilidad.
b) Uso exclusivo en diagnósticos.
c) Administración en tejido adiposo.
d) Liberación siempre lenta.

29. ¿En qué pacientes está contraindicada la administración de supositorios?

a) Pacientes con hemorroides inflamadas.
b) Pacientes con asma.
c) Pacientes con infecciones respiratorias.
d) Pacientes ancianos.

30. ¿Cuál es la principal ventaja de los inhaladores de polvo frente a los cartuchos presurizados (MDI)?

a) No requieren coordinación inspiración-disparo.
b) Permiten mayor dosis por aplicación.

c) Tienen menor impacto orofaríngeo.
d) No requieren esfuerzo inspiratorio.

31. ¿Cuál de las siguientes afirmaciones sobre la vía sublingual es correcta?

a) Se utiliza para dosis elevadas de fármacos lipofílicos.
b) La absorción es lenta pero sostenida.
c) Evita el metabolismo de primer paso hepático.
d) Se recomienda en comprimidos gastrorresistentes.

32. ¿Cuál de las siguientes vías presenta mayor riesgo de infección si no se cumplen normas de asepsia?

a) Oral.
b) Intravenosa.
c) Sublingual.
d) Tópica.

33. ¿Qué forma farmacéutica semisólida se caracteriza por tener una base grasa que contiene el principio activo?

a) Pomadas.
b) Cremas.
c) Geles.
d) Pastas.

34. ¿Cuál es la principal desventaja de la vía tópica oftálmica?

a) La facilidad de uso.
b) El riesgo de contaminación del envase.
c) La rápida absorción sistémica.
d) La ausencia de efecto local.

35. ¿Qué vía parenteral requiere introducir la aguja en la dermis formando un ángulo de 15°?

a) Subcutánea.
b) Intramuscular.
c) Intravenosa.
d) Intradérmica.

36. ¿Cuál de los siguientes lugares es el más seguro para la administración de inyecciones intramusculares en lactantes?

a) Región dorsoglútea.
b) Región ventroglútea.

c) Cara anterolateral del muslo (vasto lateral).
d) Región deltoidea.

37. ¿Qué volumen máximo suele administrarse por vía intradérmica?

a) 1 ml.
b) 0,5 ml.
c) 0,1 ml.
d) 2 ml.

38. ¿Qué ventaja tiene la vía rectal sobre la vía oral?

a) Menor incomodidad para el paciente.
b) Evita siempre el metabolismo de primer paso.
c) Puede usarse en pacientes con vómitos o inconscientes.
d) Asegura biodisponibilidad constante.

39. ¿Cuál de los siguientes es un inconveniente de la vía inhalatoria en asma?

a) No permite efecto local.
b) Requiere dispositivos adecuados y técnica correcta.
c) Evita el primer paso hepático.
d) Permite absorción inmediata.

40. ¿Qué característica define a la vía intramuscular frente a la subcutánea?

a) Se administra en el tejido adiposo.
b) Se utiliza para diagnósticos.
c) Admite soluciones oleosas y suspensiones.
d) Siempre es indolora.

41. ¿Cuál de las siguientes vías es exclusivamente diagnóstica y no terapéutica?

a) Intramuscular.
b) Intradérmica.
c) Sublingual.
d) Intravenosa.

42. ¿Qué condición deben cumplir siempre los medicamentos administrados por vía parenteral?

a) Ser liposolubles.
b) Ser estériles y libres de pirógenos.
c) Estar en forma de comprimidos solubles.
d) Administrarse con alimentos.

43. ¿Qué tipo de recubrimiento tienen los comprimidos gastrorresistentes?

a) Azucarado.
b) Oleoso.
c) Protector frente al pH gástrico.
d) Soluble en la boca.

44. ¿Cuál de los siguientes dispositivos mejora la administración de fármacos inhalados en niños y ancianos al facilitar la coordinación?

a) Cartucho presurizado.
b) Cámara de inhalación (espaciador).
c) Inhalador de polvo.
d) Nebulizador ultrasónico.

45. ¿Qué parámetro debe calcularse en toda perfusión intravenosa para evitar errores en la dosificación?

a) Velocidad de absorción intestinal.
b) Volumen aparente de distribución.
c) Ritmo de goteo en gotas por minuto.
d) Vida media plasmática.

46. ¿Cuál es la principal complicación de la administración tópica de corticoides en grandes superficies o bajo oclusión?

a) Falta de efecto terapéutico.
b) Desarrollo de resistencia bacteriana.
c) Absorción sistémica con insuficiencia suprarrenal.
d) Alteración de la biodisponibilidad oral.

47. El paciente presenta molestias gástricas al tomar ciertos medicamentos orales. ¿Qué medida sería más adecuada para minimizar este efecto en la administración de la amoxicilina en cápsulas?

a) Administrarla siempre en ayunas para mejorar la absorción.
b) Acompañarla con abundante agua y, si es posible, tras la comida.
c) Triturar la cápsula para facilitar su deglución.
d) Sustituirla por una presentación intravenosa sin indicación médica.

48. El paciente tiene dificultad para tragar comprimidos. ¿Qué forma farmacéutica sería más adecuada para la administración oral de amoxicilina?

a) Comprimidos gastrorresistentes.
b) Cápsulas blandas masticables.

c) Suspensión oral líquida.

d) Polvos para reconstituir parenterales.

49. La heparina subcutánea administrada al paciente puede producir hematomas. ¿Cuál es una medida clave para prevenir esta complicación?

a) Inyectar en la región abdominal y no aspirar.

a) Masajear la zona tras la inyección.

c) Administrar siempre en el deltoides.

d) Aplicar compresión fuerte después de inyectar.

50. Dada la insuficiencia renal moderada del paciente, ¿qué precaución es prioritaria con la furosemida intravenosa?

a) Administrar la dosis estándar sin ajuste.

b) Ajustar la dosis o vigilar función renal y electrolitos.

c) Sustituirla por un diurético tiazídico sin control médico.

d) Evitar su uso en cualquier circunstancia.

En tu Curso MAD360 tienes más **supuestos prácticos** y todos tus avances quedan registrados.

¡MAD360, todo lo que necesitas para conseguir tu plaza!

Solución al supuesto n.º 1

1. a) Evita el efecto del primer paso hepático.

2. c) La eliminación.

3. c) Suspensión oral.

4. b) Intravenosa.

5. c) Inicio de acción inmediato.

6. d) Requerir rotación de zonas de punción en tratamientos prolongados.

7. d) Intravenosa.

8. b) Fenómeno del primer paso hepático.

9. a) Dificultad para disolver y deglutir comprimidos.

10. c) Intradérmica.

11. b) Técnica de punción en Z o balleta.

12. c) Intravenosa.

13. b) 20 gotas/ml.

14. c) Sublingual.

15. b) Ventroglúteo.

16. d) 90°.

17. b) Tener finalidad diagnóstica, como en pruebas de alergia.

18. a) Imposibilidad de retirar el fármaco tras administrarlo.

19. b) Riesgo de formación de hematomas.

20. b) Lipodistrofia.

21. d) Comprimidos gastrorresistentes.

22. b) Efecto de primer paso hepático.

23. b) Intradérmica.

24. c) Instilarlos en el saco conjuntival inferior sin tocar el ojo.

25. c) Evita el metabolismo de primer paso hepático.

26. c) Intravenosa.

27. b) Supositorios.

28. a) Mayor biodisponibilidad.

29. b) Pacientes con hemorroides inflamadas.

30. a) No requieren coordinación inspiración-disparo.

31. c) Evita el metabolismo de primer paso hepático.

32. b) Intravenosa.

33. a) Pomadas.

34. b) El riesgo de contaminación del envase.

35. d) Intradérmica.

36. c) Cara anterolateral del muslo (vasto lateral).

37. c) 0,1 ml.

38. c) Puede usarse en pacientes con vómitos o inconscientes.

39. b) Requiere dispositivos adecuados y técnica correcta.

40. c) Admite soluciones oleosas y suspensiones.

41. b) Intradérmica.

Cómo acceder al Curso

Técnico/a en Farmacia
Test y Supuestos Prácticos

El uso de los códigos **es exclusivo de los compradores de los productos de Editorial MAD**. Cada producto posee un código único y de un solo uso. Es personal e intransferible y da acceso a servicios y contenidos adicionales. Editorial MAD se reserva el derecho de hacer cuantas comprobaciones sean necesarias para identificar al legítimo poseedor del código y dejar de dar servicio a quien haga uso fraudulento del mismo, además de emprender cuantas acciones legales estime oportunas según la legislación vigente.

Deberás acceder a:

mad.es/registro-campus

Si una vez aceptadas las condiciones de uso del Campus decides hacer uso del mismo, necesitarás del siguiente código de acceso junto con los códigos del resto de títulos que se exigen (si fuera el caso):

HKNDBXR5M1

42. b) Ser estériles y libres de pirógenos.

43. c) Protector frente al pH gástrico.

44. b) Cámara de inhalación (espaciador).

45. c) Ritmo de goteo en gotas por minuto.

46. c) Absorción sistémica con insuficiencia suprarrenal.

47. b) Acompañarla con abundante agua y, si es posible, tras la comida.

48. c) Suspensión oral líquida.

49. b) Inyectar en la región abdominal y no aspirar.

50. b) Ajustar la dosis o vigilar función renal y electrolitos.